CHRISTOPHER DAWSON
A CRISE DA EDUCAÇÃO OCIDENTAL

Copyright © Julian Philip Scott, Literary Executor of the Estate
of Christopher Dawson 2010
Copyright da edição brasileira © 2020 É Realizações
Título original: *The Crisis of Western Education*

Editor | Edson Manoel de Oliveira Filho
Produção editorial e projeto gráfico | É Realizações Editora
Preparação de texto | Edna Adorno
Revisão | Otacilio Palareti
Capa | Daniel Justi
Diagramação | Nine Design / Mauricio Nisi Gonçalves

Reservados todos os direitos desta obra. Proibida toda e qualquer reprodução desta edição por qualquer meio ou forma, seja ela eletrônica ou mecânica, fotocópia, gravação ou qualquer outro meio de reprodução, sem permissão expressa do editor.

CIP-BRASIL. CATALOGAÇÃO NA PUBLICAÇÃO
SINDICATO NACIONAL DOS EDITORES DE LIVROS, RJ

D313c

Dawson, Christopher, 1889-1970
   A crise da educação ocidental / Christopher Dawson ; tradução André de Leones. - 1. ed. - São Paulo : É Realizações, 2020.
   208 p. ; 23 cm. (Educação clássica)

Tradução de: The crisis of western education
Inclui índice
ISBN 978-85-8033-400-5

1. Educação - História. 2. Educação cristã - História. I. Leones, André de. II. Título. III. Série.

20-62417
                                CDD: 370.1
                                CDU: 37.01

Leandra Felix da Cruz Candido - Bibliotecária - CRB-7/6135
16/01/2020 21/01/2020

É Realizações Editora, Livraria e Distribuidora Ltda.
Rua França Pinto, 498 · São Paulo SP · 04016-002
Telefone: (5511) 5572 5363
atendimento@erealizacoes.com.br · www.erealizacoes.com.br

Este livro foi impresso pela Paym Gráfica e Editora em fevereiro de 2020. Os tipos são da família Weiss BT. O papel do miolo é o Lux Cream 70 g, e o da capa cartão Ningbo Star C2 300 g.

CHRISTOPHER DAWSON
A CRISE DA EDUCAÇÃO OCIDENTAL

Introdução
GLENN W. OLSEN

Tradução
ANDRÉ DE LEONES

SUMÁRIO

Agradecimentos 7

Introdução
   Glenn W. Olsen 9

PARTE I – A HISTÓRIA DA EDUCAÇÃO LIBERAL NO OCIDENTE

1. As Origens da Tradição Ocidental de Educação 27

2. A Era das Universidades e a Ascensão da Cultura Vernácula...............35

3. A Era do Humanismo 47

4. A Influência da Ciência e da Tecnologia 59

5. O Nacionalismo e a Educação do Povo 73

6. O Desenvolvimento da Tradição Educacional Americana 81

7. A Educação Católica e a Cultura na América 97

8. A Educação e o Estado..107

PARTE II – A SITUAÇÃO DA EDUCAÇÃO CRISTÃ
NO MUNDO MODERNO

9. O Estudo da Cultura Ocidental 121

10. A Importância do Estudo da Cultura Cristã 129

11. O Estudo da Cultura Cristã na Universidade Católica 141

12. Os Fundamentos Teológicos da Cultura Cristã 151

PARTE III – O HOMEM OCIDENTAL E A ORDEM TECNOLÓGICA

13. O Vácuo Religioso na Cultura Moderna 161

14. A Cultura Americana e a Ideologia Liberal 171

15. O Homem Ocidental e a Ordem Tecnológica 179

Índice Remissivo 193

Índice Onomástico 201

AGRADECIMENTOS

Meus sinceros agradecimentos aos editores de *America, The Commonweal, The Critic* e *Jubilee*, que me permitiram utilizar aqui material que primeiro foi publicado em suas páginas.

INTRODUÇÃO

Glenn W. Olsen

Christopher Dawson (1889-1970) tinha tal reputação que, ao ser instituída a cátedra Chauncey Stillman de Estudos Católicos Romanos pela Universidade Harvard, ele foi escolhido como seu primeiro ocupante (1958-1962). Antes de lecionar em Harvard, Dawson, inglês convertido ao catolicismo, jamais visitara os Estados Unidos. Então um acadêmico maduro na casa dos sessenta, ele já havia publicado muitos livros e artigos sobre uma enorme variedade de temas, mas era mais conhecido pela série de volumes sobre o papel da religião na história mundial. Enquanto esteve em Harvard, ele às vezes era questionado acerca da educação americana e suas perspectivas, especialmente sobre a educação católica nos Estados Unidos. Uma das consequências do questionamento é o presente livro, publicado pela primeira vez em 1961, e desde então reimpresso com regularidade. Endereçado a todos os que se interessavam pela reforma da educação, o livro foi elogiado por muitos não católicos. De um lado, Dawson considerava as perspectivas de reforma educacional nos Estados Unidos particularmente promissoras; de outro, via sérios problemas que precisariam ser superados.

A análise de Dawson começa com um panorama da história da educação. De imediato, ele desenvolve um de seus temas fundamentais: "enculturação". A ideia de que cultura é religião incorporada percorre os escritos de Dawson. De acordo com essa visão, toda cultura, em suas origens, tem a religião em seu centro, e podemos falar da cultura como uma espécie de encarnação da religião no decorrer do tempo. A cultura é a soma das maneiras pelas quais algumas religiões são incorporadas aos padrões de vida e formas materiais. Logo, a educação é o meio pelo qual tal herança social é transmitida aos jovens enculturando-os. Ela é, ao mesmo tempo, "alta" e "baixa", pensamento e cultura popular.

Do mundo antigo até o Iluminismo, a educação formal era privilégio de poucos, mas todos eram, em certo sentido, educados, isto é, enculturados, geralmente através da tradição, de alguma forma de aprendizado, da religião ou da arte. Formação especializada costuma depender de instrução, e, no mundo antigo, surgiram minorias letradas que se dedicaram com afinco à preservação e ao progresso de sua respectiva cultura. Na Grécia, a educação assumiu a forma de "educação liberal", que era apropriada ao cidadão livre e o preparava para a participação na vida pública. Ela se concentrava nas artes do discurso e da persuasão.

A união completa da cultura filosófica grega com um emergente corpo de pensamento cristão só ocorreu em Bizâncio, no começo da Idade Média, mas, no Ocidente, exemplificado pelo rei Alfredo de Wessex (o Grande, 849-899), já surgia o ideal de educação laica e vernácula para todos os homens. Ainda que, por séculos, a educação tenha permanecido em grande parte clerical, Dawson cita Alfredo como um exemplo, das profundezas da Idade Média, de um corpo de escritos cristãos que vão além da Bíblia e poderiam estar no centro de um programa cristão de estudos. A abrangente visão de Dawson era de que o tema fundamental do estudo histórico deve ser a "cultura", e que a tarefa do historiador é mostrar como as culturas se formam, desenvolvem uma ampla visão de mundo, são transmitidas para outrem no tempo e no espaço, e então decaem ou recuam diante de uma nova cultura em ascensão.[1] Bastante influenciado pela antropologia e pela sociologia, Dawson achava que muito trabalho foi desperdiçado em narrativas históricas centradas em grandes figuras e eventos, em detrimento do usualmente lento desenvolvimento da cultura. No caso do cristianismo, surpreendentemente, houve pouca atenção ao fato de que a cultura cristã – uma nova forma de cultura – sucedeu a judaica, a grega, a romana, a alemã, entre outras. Em essência, o que Alfredo percebeu ainda no século IX foi que essa nova cultura cristã deveria ser ensinada aos jovens, assim como os gregos tiveram de aprender sua cultura a fim de formar uma identidade e passá-la adiante. A lista de "clássicos cristãos" de Alfredo se

---

[1] Sobre a ideia de forma cultural, leia meu "Why we Need Christopher Dawson", *Communio: International Catholic Review* 35, 2008, p. 115-44.

inclinava para o viés histórico e para o que depois seria chamado de "teologia natural", e isso, por si só, era notável, pois era uma alternativa ao antigo e herdado currículo centrado em gramática e retórica.

Dawson sabia que esse programa de estudos foi uma proposta isolada de pouca influência. Na época de Alfredo, o futuro imediato ainda pertencia aos seminários e escolas monásticas e, a partir do século XII, às universidades. Embora os clérigos viessem de todas as classes sociais, essas instituições preservavam uma elite monástico-clerical instruída e a língua latina. No século XII, em particular, o interesse pelo pensamento platônico e cosmológico foi enorme, mas, com o reavivamento do estudo aristotélico, ocorrido na mesma época, os clássicos literários antigos e a cosmologia platônica ocuparam uma esfera menor nas escolas, em comparação com o estudo das obras filosóficas de Aristóteles. Em outros lugares, especialmente nas cortes reais e aristocráticas, proliferaram os estudos humanistas ou cortesãos e a literatura vernácula.[2]

Na perspectiva de Dawson, essa cultura cortesã e vernácula foi da maior importância. Por meio dela, as tradições nativas europeias se transformaram em várias formas de cultura cristã. Dawson considerava únicos alguns aspectos importantes da tradição educacional do Ocidente. Embora também apresentasse certa tendência, sobretudo no período medieval e no começo da modernidade, a centrar-se em uma classe sacerdotal e na tradição sacra, ela nunca se limitou a isso. Ela constituía a vida não só de uma elite, mas de toda a comunidade. Isso talvez se relacione com o fato, ressaltado por muitos, de que no cerne da cultura cristã havia, desde o princípio, uma espécie de dualismo. Enquanto em muitas outras culturas a vida era integrada por inteiro a uma totalidade pública, com frequência pelas mãos de um rei, às vezes pelas mãos de sacerdotes, o Ocidente cristão sempre exibiu uma forma de dualismo em que o aspecto religioso (Igreja) e o aspecto político (Estado) eram distintos entre si.

A alta cultura europeia e a americana têm suas raízes sobretudo nas tradições educacionais do Renascimento italiano, um mundo menos de universidades do que de academias (associações privadas para discussão de temas

---

[2] Ou seja, a literatura produzida em outras línguas que não o latim, como o italiano, o inglês, o francês, etc. (N. T.)

científicos e literários), sociedades eruditas e, por fim, dos colégios jesuítas e do sistema inglês de ensino público. A expansão comercial medieval levou a Itália a ter mais e mais contato com o Mediterrâneo Oriental e com as riquezas da cultura helênica, e, na Idade Média tardia, ressurgiu algo similar à cultura cívica da Antiguidade. De um modo que não fora possível no mundo feudal, a educação liberal foi mais uma vez colocada a serviço do cultivo de cidadãos efetivos. Os estudos platônicos floresceram, e Dawson viu no Renascimento italiano a retomada dessa tendência medieval – especialmente do século XII –, que, em grande parte, fora deixada de lado pelo estudo de Aristóteles. As universidades se concentraram em discussões científicas e tinham relativamente pouco interesse em temas estéticos ou morais.

Agora, em cidades como Florença o humanismo renascentista reintroduzia temas negligenciados pelas universidades medievais e suas herdeiras (embora, no século XIV, a Universidade de Florença tivesse instituído uma cátedra de estudos sobre Dante, assumida a princípio por Boccaccio, demonstrando, assim, interesse pela "cultura cristã" contemporânea e atestando o fato de que não se deve traçar uma linha muito nítida entre os interesses das universidades na Idade Média tardia e as novas instituições educacionais do Renascimento). Criou-se o ideal do homem de ampla formação, do desenvolvimento harmonioso de tudo que é humano, corpo, alma e espírito. A vida devia ser enriquecida pela arte e pela literatura. O século XV, em particular, foi um período em que se escreveram numerosos tratados sobre educação. Dawson discordava dos estudiosos que apresentaram a Renascença italiana como "pagã" ou "laicizante", e salientou a contínua influência do cristianismo; estudos mais recentes justificam seu ponto de vista.

Ele antecipou a tese de que a única coisa que manteve a Europa culturalmente unida à época da Reforma Protestante – permitindo que os europeus compartilhassem de uma cultura comum, a despeito da grave divisão religiosa – foi a educação humanista compartilhada por católicos e protestantes. Particularmente bem-sucedida foi a adequação da educação clássica humanista aos ideais religiosos da Contrarreforma pelos jesuítas no seu *Ratio Studiorum* (1599), ou Programa de Estudos, modelo de educação nos colégios católicos até a época de Dawson e amplamente admirado pelos protestantes europeus. No século XVIII, a maioria dos europeus dava enorme valor ao estudo de ambas as tradições – Antiguidade clássica e cristianismo. Na América puritana, o currículo era mais estrito, religioso e voltado à prática, com menos estudo das literaturas clássicas e vernáculas do que na educação europeia.

Dawson via o impacto inicial da ciência e da tecnologia modernas na educação ocidental como mais significativo do que o impacto do protestantismo. Ou seja, o programa conjunto de estudos cristãos e clássicos concebido no mundo romano tardio, programa que, embora tivesse mudado de método e conteúdo com o passar do tempo, perdurou por mais de um milênio, sobrevivendo até mesmo à Reforma, foi seriamente afetado pelo desenvolvimento da ciência moderna. Muitas coisas sobrevieram ao mesmo tempo, do alargamento da percepção do mundo, decorrente da era de exploração e descoberta de novas terras, à estima crescente pelo artesanato e pelas artes mecânicas na cidade renascentista.

Todos estavam envolvidos na aplicação da ciência à vida, e um gênio universal como Leonardo da Vinci (1452-1519) era muito admirado. Pois, para um homem assim, sem instrução (no sentido de pouca educação formal), as verdadeiras escolas eram a natureza e a matemática. Sua ciência, mais panteísta e naturalista do que cristã, decorrente de estudos contemporâneos em biologia e anatomia como os feitos na Universidade de Pádua, era diferente da ciência da Idade Média. Nela, era franco o racionalismo, o ceticismo e o desprezo pelo cristianismo, e a insistência de que Fé e Razão nunca se tocam, identificada por outros de forma indiscriminada com o Renascimento como um todo, era comum nas faculdades de medicina. A partir daí, temos uma tradição majoritariamente cristã humanista, que ainda persiste, e um novo movimento científico, cético e racionalista. Contudo, mesmo na comunidade científica, os racionalistas eram minoria: muitos ainda se consideravam cristãos e, de fato, o trabalho dos famosos cientistas do século XVII deu continuidade à longa tradição de um ideal matemático da natureza que remontava aos pré-socráticos, passando pelas universidades medievais, como Oxford. Não obstante, os cientistas, com sua paixão por métodos exatos, passaram a desconfiar cada vez mais da especulação filosófica.

Francis Bacon (1561-1626), homem que dificilmente foi um filósofo ou cientista, tomou para si a tarefa de difundir as possibilidades da nova ciência. Ele pregou uma reorganização do estudo que facilitasse as possibilidades da nova ciência; sua mensagem dizia respeito à natureza instrumental da ciência. A ciência era um meio de obter poder sobre o mundo e transformar a vida. As gerações passadas vagaram em erro, Bacon afirmou, mas agora a ciência levaria a humanidade à terra prometida, uma era tecnológica de progresso contínuo. Cristão devoto que uniu a teologia fideísta à ciência empírica, Bacon traçou uma linha clara entre religião e ciência, antecipando seu divórcio posterior.

Dawson via o Iluminismo como uma junção do empirismo inglês, representado por Bacon, com o racionalismo francês de René Descartes (1596-1650). Embora a escolástica ainda vigorasse nas escolas e universidades, fora dali os ideais da nova ciência passaram a dominar, e ideias revolucionárias sobre educação eram apregoadas. Para muitos, a matemática substituiu a lógica escolástica, e a religião e a metafísica eram descartadas como absurdas. Na França, sobretudo, a ciência se tornou a nova religião. A educação devia ser usada para tornar os seres humanos razoáveis e esclarecidos, livres das superstições e da tirania dos padres. As universidades, junto com a Igreja e suas ordens de ensino, deviam ser destroçadas. Em muitos países, os jesuítas – por dois séculos os principais portadores da educação católica – foram suprimidos.

Quando sobreveio a Revolução Francesa, as universidades, bem como a maioria dos colégios e escolas secundárias, foram fechadas. Estava tudo pronto para uma completa reorganização educacional, agora sob os auspícios do Estado. Mas, embora abundassem propostas de reforma, pouco foi feito a princípio, e a educação quase entrou em colapso. Então, Napoleão Bonaparte (1769-1821) energicamente definiu uma reorganização completa da educação, em consonância com as linhas políticas e nacionais. Assim como a educação infantil outrora patrocinada pela Igreja visava produzir uma classe de cristãos humanisticamente instruídos, o ideal agora era uma educação a serviço do Estado, produzindo patriotas.

Ainda que Napoleão não se opusesse ao retorno de certas ordens religiosas à educação, especialmente no que dizia respeito à instrução das classes mais baixas, que ainda não eram o foco da reforma educacional, o Estado assumiu por completo a educação da elite, coisa que antes era da alçada da Igreja; em todo caso, agora toda a educação seria supervisionada pelo Estado. Os professores se tornaram funcionários públicos. Mesmo assim, no começo do século XIX Estado algum tinha capacidade para exercer o grau de controle implícito em tais reformas, e algumas instituições privadas sobreviveram.

A partir do fim do século XVII, protestantes e católicos ampliaram aos poucos a instrução catequética oferecida por suas escolas paroquiais para formas variadas de educação primária, e foi daí que vieram as escolas mais populares, auxiliadas, no lado católico, por uma onda de novas ordens religiosas de ensino. Na Alemanha, onde havia muito mais intelectuais egressos das classes mais pobres do que na França ou do que na Inglaterra, maior atenção foi dada à educação das classes baixas e à cultura vernácula, em que pese a preocupação de toda a Europa com a antiga educação humanista e com a nova educação científica. Assim como ocorreu com a educação francesa, a educação alemã se tornou cada vez mais nacionalista, com a diferença de que, mesmo em meados do século XIX, a Alemanha era um punhado de principados, não um estado-nação. Alguns poderiam colocar a educação a serviço do emergente Estado nacional alemão, mas outros a enxergavam em termos mais universais. O aprendizado, sustentou Wilhelm von Humboldt (1767-1835), deve servir não especificamente ao Estado ou a propósitos vocacionais, mas à busca do conhecimento e ao desenvolvimento da cultura. A Universidade de Berlim, fundada em 1810 e tida como das modernas universidades da Alemanha, da Europa Central e da Europa Oriental, visava ao cultivo da aprendizagem como um fim em si mesmo. Da Prússia originou-se a reforma da educação alemã em todos os níveis. Mas, na Alemanha, o que havia gerado revolta contra o sistema napoleônico culminou em algo similar ao que ocorreu na França: a educação era vista em todos os níveis como preparação para a cidadania. Essa vitória do nacionalismo, do controle estatal sobre a educação, tornou-se comum em toda a Europa e foi, em geral, apoiada por mestres e professores.

Dawson via a Grã-Bretanha e os Estados Unidos como exceções momentâneas a esse padrão de controle crescente da educação pelo Estado. Nesses países, um princípio espontâneo foi mais forte, e sobreviveu algo similar ao padrão medieval de independência corporativa das escolas. De Oxford veio a *Idea of a University* (1852 e 1858), de John Henry Newman, mas, a partir de 1870, a Grã-Bretanha se tornou mais e mais parecida com o resto do continente europeu, com um controle cada vez maior da educação pelo Estado. A tradição educacional americana deriva, em grande parte, da Grã-Bretanha, mas desenvolveu independência suficiente do modelo britânico e do europeu para que Dawson a considerasse uma nova força mundial. Como todo sistema educacional, ela é, em parte, um produto da cultura circundante. Dawson acreditava que, após o período colonial, a cultura americana se desenvolveu com maior rapidez e sofreu mais mudanças, sobretudo geográficas e populacionais, do que qualquer outra cultura conhecida. Ele não escreveu sobre quatro períodos da história americana, mas sobre quatro Américas. Na primeira, do período colonial, não existia uma cultura americana comum, mas várias culturas regionais baseadas em diferentes religiões. Na puritana Nova Inglaterra, o interesse pela educação foi acentuado desde o princípio, mas, como em toda parte, destinava-se, em primeiro lugar, à educação clerical, ou seja, ainda era medieval. Na maior parte do Sul anglicano, a educação no século XVIII foi relativamente negligenciada, em parte por causa do desinteresse da Igreja da Inglaterra. O advento da Revolução Americana colocou os anglicanos em desvantagem ainda maior, sobretudo por causa das simpatias lealistas[3] da maior parte de seu clero. Os ideais educacionais dos Pais Fundadores, especialmente Benjamin Franklin e Thomas Jefferson, provinham, em grande medida, do Iluminismo francês. A exemplo do que ocorreu na França, os planos de um sistema nacional de educação renderam, a princípio, poucos frutos, mas, no despertar da Revolução Americana, uma nova ideologia democrática gerou muito interesse pela educação popular.

O período entre a Revolução e a Guerra Civil compreende a segunda América de Dawson, para ele a época mais grandiosa da criatividade americana. As culturas coloniais se fundiram em uma unidade nacional ao mesmo tempo que ocorreu uma gigantesca expansão territorial. Os imigrantes que chegaram no

---

[3] Lealistas foram colonos americanos que permaneceram fiéis à coroa britânica durante a Guerra Revolucionária Americana (1775-1783). (N. T.)

fim do período colonial, sobretudo os irlandeses presbiterianos ou "escoto-irlandeses", estavam no centro de uma transformação sociológica interna que afetou a América como um todo e dificultou ainda mais a propagação tanto do anglicanismo quanto do congregacionalismo da Nova Inglaterra. As igrejas batista e metodista se espalharam pelo Sul e pelo Oeste. Elas representavam um novo tipo de protestantismo, caracterizado pelo revivalismo.

À diferença da Europa, a religião não estava sob controle estatal, de tal forma que os principais instrumentos de cultura e educação eram as denominações, e os colégios do Oeste permaneceram fundamentalmente religiosos. No Leste, sobretudo na Nova Inglaterra dos tempos de Horace Mann (1796-1859), os Estados se envolveram cada vez mais com a educação, em especial com a educação pública universal, e universidades de pesquisa, como as alemãs, passaram a ser imitadas. Em fins do século XIX, os laços estreitos entre Igreja e escola tendiam a ser substituídos por um sistema de supervisão estatal. Uma forma de secularização teve lugar, e a educação foi em grande medida posta a serviço da formação de valores morais democráticos e do patriotismo.

A terceira América de Dawson se estende da Guerra Civil até o fim da imigração irrestrita, em 1921. Os EUA pós-Guerra Civil eram mais ricos, fortes e populosos do que antes, e a colonização do Oeste prosseguiu. Essa foi a era de ouro do capitalismo americano e da expansão industrial. Por volta da década de 1920, a América era o país mais urbanizado do mundo. Contudo, não foi uma época de grandes conquistas intelectuais, mas sim educacionais. As igrejas foram substituídas pelas universidades como o centro da vida intelectual. Dawson – que não acreditava muito no "capitalismo democrático" – considera que o materialismo dessa época não prejudicou as instituições educacionais da maneira como prejudicou as igrejas. A nova riqueza afluiu para subvencionar o ensino superior. A maior parte dos americanos comprou a fé na ciência que havia deslumbrado a Europa no século XVIII, e a crença no progresso científico e na democracia passou a tomar o lugar da ortodoxia cristã. Isso é particularmente verdadeiro no que se refere ao mais influente teórico educacional americano, John Dewey (1859-1952), que centrou a educação na socialização para a democracia e foi um defensor da universalização do ensino superior.

A quarta era, contemporânea, viu a América concretizar, mais do que qualquer outro país no mundo, o ideal da educação superior para todos. Ainda que sistemas educacionais de elite possam resistir a se adaptar à sociedade ao redor, sistemas democráticos não podem, e, no contexto americano, a educação tornou-se inevitavelmente orientada para a tecnologia e o vocacionalismo. Dawson considerou que uma grande questão que pairava sobre essa quarta era cosmopolita e urbana era se a América poderia continuar se desenvolvendo nessa direção, com a vida urbana ainda mais separada da rural, e com a primeira consumindo de forma exorbitante os recursos naturais em uma vida "luxuosa para todos". Poderia uma terra em que a autonomia e a liberdade são as principais virtudes assumir o fardo da história e se ver, como todas as outras, implicada no Pecado Original?

Durante a maior parte da história americana, a liberdade educacional foi possível porque nenhuma instituição, secular ou eclesiástica, detinha o controle total, mas agora, pensou Dawson, a questão era se, no futuro, a uniformidade imposta pelo Estado poderia ser evitada. Em relação a isso, era crucial a existência de um amplo sistema educacional católico que não estava sob controle direto do Estado – embora, sem dúvida, esteja agora sob maior pressão externa do que na época de Dawson. Ele observou que a educação americana havia se tornado quase que totalmente secularizada, deixando pouco espaço para o estudo da religião, outrora a *raison d'être*[4] da universidade medieval. Nos EUA, a doutrina da separação entre Igreja e Estado foi estendida à educação, e a religião foi quase excluída da educação pública.

Os católicos americanos resistiram a isso e criaram um sistema alternativo. Dawson viu esse desenrolar como algo decisivo, a ponto de afirmar que o catolicismo nos Estados Unidos, embora fosse uma reação à predominância da forma protestante na cultura americana, havia paradoxalmente se tornado mais importante para o futuro mundial do que as culturas católicas da América do Sul. Isso resultou quase inteiramente da imigração católica, sobretudo irlandesa. Os irlandeses já haviam aprendido a sobreviver sob o

---

[4] Em francês no original: "razão de ser". (N. T.)

governo protestante na Irlanda, e transferiram essa experiência para os Estados Unidos. Enquanto os protestantes da América estavam prontos a ceder demais para o governo, os católicos irlandeses desconfiavam dele. Em geral, por causa da pobreza, eles se sentiam mais próximos de seus padres; de fato, o catolicismo americano impressiona o visitante por ser mais democrático que em outros lugares, e Dawson atribuiu isso à relação estreita entre padres irlandeses e congregantes. Enquanto na Europa foram os camponeses que se mantiveram mais fiéis à Igreja, nos Estados Unidos foram os europeus desenraizados do campo, aprendendo com os irlandeses a se adaptar à vida urbana, seus membros mais leais. Embora prosperassem na América, eram pessoas ainda menosprezadas e mal representadas, e de realizações modestas em termos culturais. Mas elas trabalharam e se sacrificaram até que, por fim, tornaram-se a religião americana mais bem organizada, com o sistema educacional mais amplo e independente dos Estados Unidos.

Desde o começo, a maioria dos líderes católicos nos EUA defendeu alguma forma de aceitação dos ideais democráticos americanos. É provável que, por serem demasiadamente otimistas quanto às perspectivas que tais ideias ofereciam para o progresso da Igreja, os católicos do começo do século XX ainda não tinham conhecimentos históricos e teológicos suficientes para compreender a novidade que representavam. Contudo, uma das razões pelas quais Dawson nutria grandes esperanças para a educação católica americana era que, nos vinte anos anteriores à escrita deste livro, tanto a vida intelectual quanto a educação, ambas católicas, progrediram de forma significativa. Havia um sentimento crescente da necessidade de uma cultura católica.

Dawson não tinha ilusões quanto à qualidade da educação nos Estados Unidos, secular ou religiosa, em comparação com o melhor do ensino europeu, mas achava que as bases para o florescimento da cultura católica americana estavam fixadas. Os católicos locais ocupavam posição tal que poderiam absorver o melhor da cultura católica mundial. O mundo aberto para eles era mais rico do que o que fora aberto aos protestantes, e entrar nesse mundo, Dawson pensava, proporcionaria ao catolicismo um lugar cada vez maior na cultura americana. Nos Estados Unidos, por ser uma associação voluntária a Igreja estará sempre em desvantagem em relação ao Estado, mas há, até o momento, um *modus vivendi*[5] pelo qual – pois ainda persiste na América o ideal de Estado limitado – a educação católica tem sido capaz, dentro de seus limites, de formar seu próprio consenso paralelo à consensual religião secular da democracia, religião que a educação pública tem como finalidade.

Dawson achava impossível que uma minoria mantivesse uma prática religiosa rigorosa em uma cultura secular. Haveria constantes "vazamentos", e apenas a minoria de uma minoria vivenciaria e compreenderia de verdade a própria religião. Por conseguinte, não seria possível que os católicos vivessem por muito tempo em um gueto. Eles precisariam conviver com a cultura circundante, e seu esforço constante visaria encorajar o crescimento, na cultura secular ao redor, das coisas que tornam viável o modo de vida católico, especialmente o ensino objetivo da história da cultura cristã nas escolas públicas. Dawson julgava que seria melhor que essa reintrodução da religião no estudo secular – na qual ele via benefícios práticos, como melhor entendimento da relação genética entre passado e presente – começasse no nível universitário.

Na segunda parte deste livro, ele apresenta argumentos para embasar a educação no estudo da cultura cristã, em vez de fundamentá-la, de um lado, na civilização ocidental, ou de outro na história mundial.[6] Dawson entendia que o estudo da cultura cristã deveria ter caráter essencialmente sociológico e histórico, e isso não equivaleria a uma lista de leitura de clássicos cristãos, ainda que eles devam ser lidos. O objetivo é compreender o processo pelo qual uma cultura e suas instituições são construídas. Na terceira parte, Dawson analisa a

---

[5] Em latim no original: "modo" ou "maneira de viver". A expressão é muitas vezes utilizada juridicamente para referir-se a acordos firmados entre partes sobre questões controversas ou polêmicas. (N. T.)

[6] Em vários ensaios abordei os temas tratados por Dawson na segunda parte: "The Maturity of Christian Culture: Some Reflections on the Views of Christopher Dawson". In: *The Dynamic Character of Christian Culture: Essays on Dawnsonian Themes*. Ed. Peter J. Cataldo. New York, London, Lanham, 1984, p. 97-125. "Why and How to Study the Middle Ages." *Logos: A Journal of Catholic Thought and Culture* 3:3, 2000, p. 50-75. "The Changing Understanding of the Making of Europe from Christopher Dawson to Robert Bartlett." *Quidditas* 20, 1999, p. 159-70. "Humanism: The Struggle to Possess a Word." *Logos* 7, 2004, p. 97-116.

relação entre o homem ocidental e a tecnologia.[7,8] Ele faz várias observações perspicazes aqui, como: ao passo que, na Europa, o advento do Iluminismo iniciou uma era de criticismo, em que tudo era questionado, na América ele iniciou uma era de fé – fé em um corpo de verdades comuns que fundamentam o modo de vida americano.

Muito antes de Alasdair MacIntyre dizer praticamente a mesma coisa, Dawson observou que, desde o começo, uma ideologia liberal foi a base da vida comunitária americana.[9] Mas, tendo atravessado duas guerras mundiais, Dawson achava que o liberalismo se provara incapaz de lidar com os problemas cruciais da época, e que, se houvesse algo capaz de fazê-lo, seria alguma forma de retomada da orientação direcionada à transcendência que encontramos nas civilizações religiosas históricas. Apenas a afirmação de uma ordem transcendente, espiritual e moral, pela qual coisas como a tecnologia pudessem ser julgadas, seria capaz de salvar o homem moderno de si mesmo. Na medida em que o estudo da cultura cristã deve servir a algum propósito prático, ei-lo aqui.

Algumas coisas sofreram mudanças significativas desde que Dawson escreveu este livro. A sujeição da democracia a uma ordem tecnológica, coisa que ele tanto temia, continuou a passos largos, e nenhuma forma de educação ou religião tem sido capaz de controlar substancialmente o desenvolvimento da tecnologia, ainda que possamos nos perguntar se o interesse crescente em ecologia e ambientalismo não assinala uma reação ao que os incentivadores do progresso prometeram. Mais uma vez, nos Estados Unidos parece ter ocorrido significativo realinhamento político por causa da questão do aborto. O partido democrata, outrora uma espécie de aliado natural da população de imigrantes católicos, tornou-se um oponente agressivo da Igreja em várias questões. Há quem se pergunte se isso não impedirá o avanço do catolicismo na cultura

---

[7] Em *The Turn to Transcendence: The Role of Religion in the Twenty-First Century*, a ser publicado pela Catholic University of America Press, levo em conta a relação entre religião e tecnologia.

[8] O livro citado por Olsen na nota anterior foi lançado pela referida editora em 2010. (N. T.)

[9] Explorei esse ponto em "American Culture and Liberal Ideology in the Thought of Christopher Dawson". *Communio* 22, 1995, p. 702-20.

americana, conforme Dawson esperava. A controvérsia em torno das chamadas questões vitais demonstra quão distante está a concretização das expectativas de Dawson, para quem o contato crescente com a cultura católica poderia levar a cultura americana como um todo a compreender melhor os pontos de vista católicos. Mas há que imaginar qual será a importância dos novos imigrantes, sobretudo hispânicos.

Dawson estava simplesmente errado ao considerar a inabilidade dos protestantes em entender o catolicismo como "coisa do passado". Em linhas gerais, o protestantismo americano se converteu em um liberalismo centrado no indivíduo autônomo, e, hoje, a comunidade como um todo está ainda menos preparada para entender o catolicismo. A progressiva substituição do estudo da civilização ocidental pelo da civilização mundial nas escolas públicas tem deixado a maioria dos estudantes ainda menos familiarizada com o catolicismo como religião, ou com a cultura produzida pelo cristianismo, do que na época de Dawson. Ele insistia que a função de qualquer sistema educacional é criar um mundo comum de valores morais e intelectuais, uma memória comum que ajude determinada cultura a se manter. Dizer que, agora, essa tradição educacional comum quase desapareceu é dizer que a nossa cultura está ameaçada de dissolução. O que hoje é chamado de multiculturalismo, isto é, a ideia de que a sociedade pode ser construída sobre uma pluralidade de culturas sem que nenhuma delas seja dominante, para Dawson seria, presumivelmente, uma prescrição para a desintegração cultural, e a questão é se de algum modo ele estaria errado.

Dawson parece ter sido demasiado otimista em sua crença de que os católicos poderiam se adaptar ao modo de vida americano sem sacrificar as próprias tradições. Em grande parte, eles aparentemente não foram capazes disso. Dawson achava que, em toda parte, os católicos deviam pensar em si mesmos como cristãos que, por acaso, viviam neste ou naquele país, mas, nos Estados Unidos, é provável que os católicos, em sua maioria, pensem em si mesmos primeiro como americanos, e só depois como católicos.

Ao menos no que concerne ao presente livro, é muito significativo que o sistema de estudos clássicos, ainda existente na época em que Dawson foi educado, desapareceu quase que por completo, embora algumas escolas católicas procurem estudar a cultura cristã tal como ele desejava.[10] Provavelmente é justo dizer que, no início do Concílio Vaticano II,[11] houve acentuada tendência das instituições católicas que se julgavam progressistas de se afastar da doutrina da Igreja. Desde então, aqueles que não perderam seu catolicismo no processo têm, com frequência, reavaliado sua postura, desejando se tornar "mais católicos". Considerando que, de forma quase universal por uma série de razões práticas isso não significa, no contexto educacional, um retorno à situação pré-conciliar – na qual a filosofia orientava o currículo universitário católico –, deve, então, significar uma procura alhures por uma nova moldura arquitetônica de estudos. A ideia dawsoniana de cultura cristã poderia proporcionar essa moldura, e, de fato, várias escolas estão buscando a noção de cultura católica no sentido de Dawson, em vez de recorrer à filosofia ou à teologia como provedoras do princípio organizador de seus currículos. Essas pessoas encontrarão bastante material de reflexão na presente obra.

---

[10] Procurei tecer uma crítica das opções atuais em "Christopher Dawson and the Renewal of Catholic Education: The Proposal that Catholic Culture and History, not Philosophy, Should Order the Catholic Curriculum", *Logos A Journal of Catholic Thought and Culture*, 13 (3), junho de 2010, p. 14-35. Disponível em: <https://www.researchgate.net/publication/236755790_Christopher_Dawson_and_the_Renewal_of_Catholic_Education_The_Proposal_that_Catholic_Culture_and_History_not_Philosophy_Should_Order_the_Catholic_Curriculum>. Acessado em 5/10/2019.

[11] Realizado entre 1962 e 1965, foi convocado por João XXIII e encerrou-se já sob o papado de Paulo VI. Dentre as decisões conciliares, destacam-se as renovações na pastoral e na liturgia da Igreja, como a celebração da missa em língua vernácula, e o crescimento do ecumenismo. (N. T.)

Parte I

A HISTÓRIA DA EDUCAÇÃO LIBERAL NO OCIDENTE

1
As origens da tradição ocidental de educação

A cultura, como o nome indica, é um produto artificial. É como uma cidade construída laboriosamente pelo trabalho de sucessivas gerações, não como uma selva que cresce espontaneamente por pressão cega de forças naturais. É da essência da cultura ser comunicada e adquirida, e, embora ela seja transmitida de uma geração para outra, trata-se de uma herança social, não biológica, uma tradição de aprendizado, um capital acumulado de conhecimento e uma comunidade de "culturas populares"[1] em que o indivíduo precisa ser iniciado.

Assim, é evidente que a cultura é inseparável da educação, uma vez que, no sentido amplo do termo, educação é o que os antropólogos chamam de "enculturação", isto é, o processo pelo qual a cultura é transmitida pela sociedade e adquirida pelo indivíduo. Sem dúvida, o processo é muito mais amplo do que aquilo comumente conhecido como educação, e por isso só aplicamos a palavra "educação" para um tipo muito específico de "enculturação" – o ensino formal de determinados tipos de conhecimento e comportamento para os membros mais jovens da comunidade por meio de instituições específicas. E o mais importante de todos os

---

[1] No original, Dawson usa o termo *folkways*, introduzido pelo cientista social americano William Graham Summer (1840-1910) no livro *Folkways: a Study of the Sociological Importance of Usages, Manners, Customs, Mores, and Morals*, 1906. Como o título do livro já indica, o termo diz respeito aos costumes, tradições, folclores e outros traços culturais que, reiterados e transmitidos de uma geração a outra, caracterizam determinado povo. (N. T.)

processos pelos quais a cultura é transmitida – a aquisição da linguagem – ocorre antes que a educação formal tenha início.

No passado, a educação era privilégio excepcional, restrito aos elementos dominantes da sociedade, sobretudo aos sacerdotes, e foi apenas no decorrer dos dois últimos séculos que algumas tentativas foram feitas para estendê-la à sociedade como um todo. Mas seria erro supor que, no passado, o homem comum era completamente sem instrução. Ele não era menos "enculturado" do que o homem moderno, mas adquiria sua cultura oralmente e na prática, pela tradição e folclore, pelo artesanato como aprendiz, e por meio da religião e da arte. Mesmo entre os povos primitivos, a "enculturação" é um processo dos mais conscientes e sistemáticos, e o jovem é iniciado na vida e nas tradições da tribo por um sistema regular de treinamento e instrução que chega ao clímax nos rituais de iniciação.

Tais sistemas ocasionalmente produzem uma forma bastante elaborada de educação oral, como na África Ocidental e mais ainda na Polinésia, mas é apenas em sociedades letradas e civilizadas, a começar pelas do Egito Antigo e da antiga Suméria, que a educação no sentido moderno e especializado se tornou uma função necessária na vida social. As escolas nos templos da antiga Suméria foram as sementes da árvore do conhecimento que cresceu junto com a civilização até preencher o mundo. Mesmo em seus primórdios, contudo, ela já tinha muitas das características que distinguem o erudito, o cientista e o homem instruído. Em virtude da dificuldade da escrita hieroglífica original e de sua estreita associação com o serviço do templo, a classe letrada foi, desde o começo, uma minoria privilegiada que tendeu a se tornar uma corporação exclusiva. Ela não era necessariamente a classe dirigente, e podia até mesmo ser de raça e língua diferentes, como parece ser o caso na Babilônia sob o domínio dos cassitas, e isso resultou possivelmente na segmentação ou dualismo cultural de importantes consequências sociológicas. Mesmo assim, ela detinha imenso prestígio como guardiã da tradição sagrada, da qual dependia a própria existência da civilização.

O exemplo mais notável disso é o que se vê na China, onde existiu uma tradição ininterrupta de educação e ensino que se estendeu por milhares de anos, até quase os nossos dias. Nela, os sábios confucianos não eram apenas os guardiões de uma tradição clássica, mas o cimento que mantinha unida a sociedade chinesa. Por várias e várias vezes, a China foi invadida e conquistada por bárbaros, e, em cada uma dessas ocasiões, os conquistadores eventualmente se viam obrigados a recorrer aos serviços dos sábios, sem os quais a administração do império não podia ser levada adiante. Sem demora, os servos se tornavam os professores dos conquistadores, e estes se orgulhavam de ocupar o local que lhes era designado na ordenada hierarquia da sociedade chinesa.

O caso da China é um exemplo excepcionalmente claro do modo como a sobrevivência de uma civilização depende da continuidade de sua tradição educacional. Mas em qualquer cultura avançada pode ser encontrada relação similar. Toda tradição educacional comum cria uma visão de mundo comum, com valores morais e intelectuais comuns e uma herança comum de conhecimento; estas são as condições que tornam as culturas conscientes de sua identidade e lhes dão uma memória comum e um passado comum. Por conseguinte, qualquer ruptura na continuidade da tradição educacional implica ruptura correspondente na continuidade da cultura. Se a ruptura é completa, ela será muito mais revolucionária do que qualquer mudança política ou econômica, uma vez que significará a morte da civilização, como parece ter sido o caso da civilização maia da América Central.

Sem dúvida, é mais fácil perceber isso em civilizações distantes da nossa, sobretudo naquelas, como China e Índia, cuja classe instruída se tornou uma casta ou ordem separada do resto da sociedade. Como a educação se tornou universal e a leitura e a escrita não são mais consideradas um mistério reservado a uma minoria privilegiada, nós estamos suscetíveis de esquecer quão recentes são essas condições e o quanto foi poderosa a influência da tradição na educação ocidental. Entretanto, a tradição da educação liberal na cultura do Ocidente é praticamente tão antiga quanto a tradição confuciana na China, e desempenhou papel similar na formação da mente e na manutenção da continuidade da nossa civilização. Pois o sistema de estudos clássicos ou "letras humanas", ainda predominante nas universidades e escolas públicas inglesas quando eu era jovem, remonta a 24 séculos na antiga Atenas e foi transmitido intato dos sofistas gregos aos retóricos e gramáticos latinos, destes aos monges e copistas da Idade Média, destes aos humanistas e mestres do Renascimento, e destes, por fim, às escolas e universidades da América e da Europa moderna.

Essa tradição é única sob muitos aspectos. Ela se distingue daquela das grandes culturas orientais por não se restringir a uma casta de sacerdotes ou ao estudo de uma tradição sagrada, mas constituir uma parte essencial da vida da comunidade. Ela se desenvolveu na atmosfera livre da cidade-estado grega, e seu objetivo era treinar homens para ser bons cidadãos e assumir integralmente seu quinhão na vida e no governo da cidade.

Em essência, era uma "educação liberal" porque treinava os homens livres nas "artes liberais" imprescindíveis para que eles exercessem suas funções de forma apropriada: acima de tudo, a arte do discurso e da persuasão, o conhecimento exato do valor das palavras e o entendimento das leis do pensamento e das regras da lógica. Por isso, desde o começo, a ênfase foi em gramática, estilo e retórica, e havia o perigo de que a educação fosse subordinada a fins utilitários e encarada como um meio de progredir no mundo e conquistar o sucesso social. Mas os gregos não ignoravam esse perigo, e desde relativamente cedo as maiores mentes do mundo helênico se devotaram a uma investigação acerca da verdadeira natureza da educação e das grandes questões filosóficas subjacentes a esses problemas.

Essa profunda preocupação com a teoria da educação atingiu seu ápice com Platão, cujos diálogos são as discussões mais extraordinárias sobre o tema em qualquer época ou literatura. Platão teve efeito revolucionário na educação grega, nem tanto pelo que de fato realizou como educador na Academia, e mais pela forma como criou e ampliou todo o alcance da discussão, introduzindo uma nova dimensão espiritual na cultura grega.

Daí em diante, as "artes liberais" de uma educação puramente cidadã já não eram suficientes. Elas não eram mais do que a preparação para o verdadeiro ofício de uma educação mais elevada, que consistia em guiar a mente por meio da ciência e da filosofia rumo ao seu objetivo espiritual supremo. E, assim, a Academia platônica e o Liceu aristotélico criaram um novo tipo de instituição educacional que foi o arquétipo da universidade ocidental. Essa tradição foi mantida em Atenas e depois em Alexandria ao longo do período helenístico e do romano, até o fechamento das escolas por Justiniano, em 529 d.C.

Mas essa forma de educação superior não foi transmitida para o Ocidente latino. Roma aceitou de pronto a velha tradição de educação cidadã por meio das artes liberais, mas nunca assimilou por completo os novos ideais filosóficos. Um romano como Cícero podia ter estudado filosofia em Atenas e Rodes, mas continuou a ser essencialmente um orador e, em seu tratado *De Oratore*, colocou a filosofia como um dos estudos preparatórios necessários à formação do retórico. Do mesmo modo, Quintiliano representa o que há de melhor na tradição educacional romana, mas sua doutrina é simplesmente o ideal tradicional das artes liberais, sobretudo a arte da retórica, como preparação para a atuação plena do bom cidadão. Mas a tragédia desse ideal educacional é que ele se tornou divorciado da realidade social. A vida autônoma das cidades-estados livres não mais existia, e o que a nova sociedade precisava não era de oradores e debatedores, mas administradores e servidores públicos. O único lugar em que a educação tradicional correspondia às necessidades do sistema social existente eram os tribunais, e seu objetivo prático era produzir advogados, não estadistas.

No mundo grego, por outro lado, a perda da liberdade cívica teve efeito estimulante, ao menos por algum tempo, para o desenvolvimento da educação superior. Os ideais filosóficos de sabedoria universal e de uma ciência enciclopédica encontraram seu corolário político no ideal helenista de Estado universal, e foi oportuno que Aristóteles se tornasse tutor de Alexandre. No entanto, a expansão global da cultura grega no período helenístico falhou em realizar os propósitos mais elevados concebidos pelos grandes educadores do século IV a.C. Na época de Platão, a *paideia*[2] helênica era um humanismo à procura de uma teologia, e as religiões tradicionais da cultura grega não eram profundas ou amplas o bastante para fornecer a resposta. As necessidades religiosas do mundo antigo foram satisfeitas não pela filosofia, mas pela nova religião que emergiu

---

[2] *Paideia* (de *paidos*, criança), em sentido estrito, significa "educação das crianças", mas o termo corresponde, na verdade, a um conceito mais amplo de formação, a todo um sistema educacional que, no período clássico, visava formar cidadãos completos por meio de uma rede de disciplinas e estudos que iam da educação física até a filosofia. (N. T.)

de forma tão repentina e imprevista à superfície da cultura dominante. O surgimento do cristianismo acarretou enormes mudanças culturais, no âmbito social e intelectual. Ele criou uma nova comunidade espiritual que suplantou, ou ao menos limitou, a velha comunidade cívica e introduziu no mundo romano e na cultura helenística uma nova doutrina e uma nova literatura religiosa.

É verdade que essa literatura não era totalmente nova, pois suas raízes estavam fincadas em uma tradição ainda mais antiga do que o helenismo clássico, mas, a despeito da Septuaginta[3] e de Fílon,[4] ela ainda era um mundo desconhecido dos gregos e mais ainda dos romanos. Portanto, a nova cultura cristã foi erguida desde o começo sobre um duplo alicerce. A antiga educação clássica nas artes liberais foi mantida sem interrupção e, uma vez que essa educação é inseparável do estudo dos autores clássicos, a antiga literatura clássica continuou a ser estudada. Mas, ao lado – e acima – de tudo isso, havia agora um saber especificamente cristão que era bíblico e teológico, e produzia a sua própria literatura de forma prolífica.

Podemos estudar o processo de transição de forma bastante detalhada. No Oriente, os Padres Capadócios, São Basílio e os dois Gregórios estudaram em Atenas com os principais retóricos pagãos de sua época, e seu pensamento foi influenciado não apenas formalmente pelo estudo dos clássicos mas também pela filosofia grega no conteúdo. No Ocidente, Santo Agostinho, retórico profissional antes de sua conversão, sempre manteve o interesse pelas questões educacionais, e, embora seu conhecimento da filosofia antiga fosse pequeno em comparação com o de vários dos Padres gregos,[5] ele foi um pensador muito mais original: aquele cujas ideias tiveram influência profunda no desenvolvimento da filosofia ocidental em todas as épocas até a nossa.

---

[3] A Septuaginta é a mais antiga tradução da Bíblia hebraica para o grego, feita entre o século III e I a.C. Reza a tradição que 72 rabinos trabalharam na tradução, que teria sido completada em 72 dias – daí seu nome. (N. T.)

[4] Fílon de Alexandria foi um filósofo judeu-helenista que viveu no século I a.C. Ao desenvolver uma visão platônica do judaísmo, foi um dos primeiros a procurar conciliar as escrituras bíblicas com a tradição filosófica ocidental. (N. T.)

[5] Assim chamados porque redigiram suas obras em grego. Entre os mais célebres, Irineu de Lyon (c.130-202), Clemente de Alexandria (c. 150-215) e Orígenes (c. 185-253). (N. T.)

Assim, por volta do século V, já havia sido obtida a síntese dos dois elementos, que permaneceu a base da cultura e da educação medievais. No Oriente, sobretudo, essa síntese era a própria alma da cultura bizantina – essencialmente grega e cristã ao mesmo tempo –, que estudou tanto Homero e Platão quanto a Bíblia e os Padres e manteve a tradição de uma classe secular instruída durante a "Idade das Trevas". Aqui, em contraste com o Ocidente, não houve ruptura na continuidade da educação superior, pois a escola palaciana fundada por Teodósio II em Constantinopla, em 425, foi uma universidade estatal que resistiu por mil anos, a despeito de algumas interrupções; entre seus professores, homens de saber enciclopédico como Fócio, no século IX, e Miguel Pselo, no XI.

No Ocidente, a situação era essencialmente diversa, uma vez que a queda do império deixou a Igreja como a única representante e guardiã da cultura romana e da educação cristã. Aqui, pois, as artes liberais foram preservadas porque formavam a base necessária dos estudos eclesiais, sem os quais a Igreja não teria sobrevivido. Mas, nos novos reinos bárbaros, a Igreja teve de realizar uma tarefa educacional muito maior do que no mundo bizantino. Ela precisou reeducar novos povos que eram estranhos à vida na cidade e à educação mais elevada do mundo antigo. Gregos e romanos foram preparados para o cristianismo por séculos de aprendizagem e discussões éticas. Platão, Aristóteles, Zenão,[6] Epiteto e Marco Aurélio familiarizaram os indivíduos com as ideias da natureza espiritual do homem, da imortalidade da alma, da Providência divina e da responsabilidade humana. Mas os bárbaros nada sabiam disso. Seus ideais morais ainda derivavam da ética heroica e primitiva da sociedade tribal: virtude era bravura militar e lealdade, justiça era vingança, religião era veneração instintiva de forças ocultas que se manifestam na vida terrena e no destino dos homens e povos. Assim, os principais esforços da Igreja tiveram de ser direcionados para a educação moral, para o estabelecimento de uma nova ordem que repousava na fé na divina Providência e na responsabilidade moral e espiritual da alma humana perante Deus.

---

[6] No caso, Zenão de Cítio (333-263 a.C.), fundador da escola filosófica estoica. (N. T.)

Em comparação com essa tarefa crucial, a transmissão da herança intelectual do mundo antigo, como foi incorporada pelas formas tradicionais da educação liberal, era de importância secundária. Ainda assim, era essencial que se preservasse essa tradição educacional a fim de evitar que a Igreja fosse absorvida pelo seu entorno bárbaro. O latim era a língua da liturgia e da Bíblia, e, nas novas terras, ela precisava ser aprendida por homens que não tinham contato direto com o mundo de seus falantes. Desse modo, a Igreja tinha interesse prático direto na manutenção da tradição educacional, e a gramática latina seguiu os evangelhos até as florestas do Norte e as ilhas remotas do Oceano Atlântico. Essa nova cultura latino-eclesiástica encontrou seu núcleo nos mosteiros, que, quase desde o começo, foram escolas do modo de vida e dos saberes cristãos. A última realização da cultura clássica na Itália foi o projeto de estudos monásticos que Cassiodoro, o romano aristocrata e ex-cônsul, implantou em seu mosteiro em Vivário, na segunda metade do século VI, e a mesma tradição foi representada, meio século depois, por Santo Isidoro de Sevilha, cuja obra enciclopédica teve enorme influência na educação medieval.

A ideia de usar a antiga educação clássica e liberal a serviço da Igreja e do ensino eclesiástico foi difundida por toda a Europa Ocidental pelo movimento monástico. Ela já havia chegado à Irlanda por volta do século VI e, no século seguinte, inspirou a nova cultura cristã da Inglaterra anglo-saxônica, de onde foi transmitida à Europa continental por São Bonifácio e Alcuíno e se tornou a principal fonte do renascimento carolíngio do ensino. Mas, já no começo do século VIII, essa tradição de educação cristã já havia alcançado resultados notáveis. O Venerável Beda foi um erudito que faria o orgulho de qualquer época, e o rápido florescimento da nova cultura latino-cristã em solo bárbaro mostra que a combinação da velha tradição da educação liberal com a dinâmica energia moral do cristianismo não foi recuperação de uma cultura morta, mas um processo vital capaz de trazer à luz novas formas de cultura. O processo se estendeu muito além dos limites da educação formal, até o estrato subjacente da sociedade bárbara nativa, da qual se originou uma nova arte e uma nova literatura vernácula cristã.

2
A era das universidades e a ascensão da cultura vernácula

Ao longo da Alta Idade Média, a educação ocidental seguiu as linhas estabelecidas no último período do Império Romano. Era baseada na gramática latina e no estudo dos clássicos latinos, dos Pais da Igreja, da Bíblia e da liturgia. Era, portanto, educação especificamente clerical que, em geral, se restringia aos mosteiros e seminários, embora pudesse ser encontrada também nas escolas palacianas de monarcas mais esclarecidos, como Carlos Magno, que prestou excelente serviço à causa da cultura cristã com suas capitulares educacionais, nas quais insistia na importância de alto padrão de precisão nas cópias dos manuscritos e na correção dos textos.

Mas foi o rei Alfredo de Wessex, nos dias sombrios que se seguiram à queda do Império Carolíngio, quem formulou o novo ideal de uma educação cristã vernácula para todos os homens livres, tanto as pessoas comuns quanto os clérigos. Ele viu os antigos centros da cultura monástica destruídos pelas novas invasões bárbaras, e usou uma breve pausa entre suas guerras infindáveis para construir uma pequena biblioteca de clássicos cristãos em inglês: "traduzidos para a nossa língua, todos sabemos quais são os livros que mais precisam ser conhecidos por todos os homens; e nós faremos com que, caso tenhamos paz, todos os homens jovens e livres da Inglaterra, os que tiverem oportunidade de se dedicar a isso, sejam obrigados a aprender, conquanto não sejam úteis em nenhuma outra função, até o momento em que todos saibam ler em inglês".[1]

---
[1] Prefácio de *Cuidado Pastoral*, de Gregório, traduzido por M. Williams.

A seleção consistia no *Cuidado Pastoral* e nos *Diálogos* (estes contêm a vida de São Bento), de São Gregório; na *História Universal*, de Orósio; na *História Eclesiástica do Povo Inglês*, de Beda; nas *Consolações da Filosofia*, de Boécio; e em uma antologia com a primeira parte dos *Solilóquios*, de Santo Agostinho, e outras passagens dos Padres, além de alguns escritos do próprio Alfredo. Vistas como um todo, são escolhas notáveis para um rei guerreiro e sugerem uma concepção bastante original de educação liberal baseada na história e na teologia natural, em detrimento da gramática e da retórica.

Mas esta foi uma iniciativa isolada de uma mente original, e teve pouca influência nos acontecimentos futuros. A continuidade da cultura foi garantida sobretudo pelos grandes mosteiros da Alemanha, Fulda, Corvey, Reichenau e St. Gallen, e pelos seminários da Gália, os quais tiveram papel importante na educação a partir do começo do século XI. Tal desenvolvimento culminou em uma grande revitalização dos estudos no século XII, cujo efeito na história da educação ocidental foi revolucionário. Isso é descrito com frequência como "o Renascimento do século XII" e assemelha-se ao posterior Renascimento italiano em sua devoção apaixonada e ilimitada à causa do saber e ao pensamento do antigo mundo clássico.

Mas o renascimento medieval difere de seu sucessor na medida em que seus interesses se concentravam mais na filosofia e ciência gregas do que na literatura. Durante sua fase inicial, como representada pela Escola de Chartres, a tradição das artes liberais ainda predominava, conforme vemos nos escritos de John de Salisbury, humanista *avant le nom*,[2] ele próprio um dos primeiros a ressaltar a importância da "nova lógica" de Aristóteles acima de todos os tópicos, o que transformou a velha lógica escolástica em novo tipo de pensamento científico. A recuperação das obras de Aristóteles, que primeiro chegaram à Europa Ocidental por meio dos pensadores árabes e dos tradutores da escola de Toledo, marcou época na história do pensamento ocidental. E Aristóteles não veio sozinho; ele era o maior em uma galáxia inteira de filósofos, cientistas e matemáticos gregos e árabes – Ptolomeu, Euclides, Avicena, Al-Farābi, Albatani

---

[2] Em francês no original: "antes do nome", isto é, um humanista precoce ou anterior ao surgimento do humanismo como tal. (N. T.)

e outros –, cujas obras foram traduzidas na mesma época. Os homens do Ocidente descobriram, de repente, a existência de um mundo do pensamento que lhes era desconhecido e o poder da razão humana para explorar esses novos campos do conhecimento.

Mas como esse novo conhecimento seria conciliado com a tradição religiosa da cristandade ocidental e com as tradições educacionais das escolas monásticas? Os perigos de um conflito se mostraram no ataque de São Bernardo à nova dialética teológica de Abelardo, na primeira metade do século XII, e aumentaram nas décadas seguintes com a importação maciça de obras greco-arábicas que não tinham raízes no passado cristão e pareciam incompatíveis com o dogma católico. Porém, as forças intelectuais e espirituais da cultura cristã eram fortes o bastante para encarar o desafio.

Foi uma época de intensa atividade criativa, que viu a ascensão das comunas, a fundação de novas ordens religiosas, a construção das grandes catedrais góticas e a criação de nova poesia. Assim, sob o impacto do novo saber, a educação ocidental não só transformou seu currículo de estudos como criou novos órgãos intelectuais e novas instituições sociais que tiveram influência duradoura no desenvolvimento da educação ocidental. Como escreveu o Dr. Rashdall: "Em meio a todas as mudanças que tiveram lugar nas questões e nos métodos educacionais tidos como os mais elevados desde o século XII até o presente, a educação continuou a ser fornecida por meio do mecanismo abastecido por uma instituição caracteristicamente medieval – uma instituição que, mesmo nos mínimos detalhes organizacionais, segue exibindo uma continuidade com seus dois maiores protótipos do século XIII, a Paris medieval e a Bolonha medieval".[3]

A natureza da universidade medieval talvez seja mais bem compreendida em relação ao desenvolvimento contemporâneo das comunas e guildas. Embora tenha se desenvolvido a partir da instituição tradicional dos seminários, ela era essencialmente uma guilda livre e autônoma de acadêmicos que detinham certos privilégios e seus próprios órgãos de governo. De fato, o termo *universitas* era geralmente usado como *communitas* para descrever qualquer corporação livre,

---

[3] *Cambridge Medieval History*, vol. vi, p. 601.

e o que nós chamamos de universidade era usualmente descrito como *studium generale*, um lugar de estudo que não era apenas local, mas aberto a estudantes de outras cidades e países. A Universidade de Paris, o mais antigo *studium generale* do norte europeu e o maior centro de estudos teológicos e filosóficos da cristandade, era uma corporação de "mestres" ou graduados com licença para ensinar. Era composta de quatro faculdades: Teologia, Direito Canônico, Medicina e Artes, esta dividida em quatro nações organizadas separadamente.

A Universidade de Bolonha, ainda mais antiga que a de Paris e o principal centro de estudos legais no Ocidente, era, por sua vez, uma corporação de estudantes sobre a qual os professores, que tinham organização colegiada em separado, não tinham responsabilidade direta ou controle.

Todas as universidades medievais que vieram depois seguiram um desses modelos; a primeira, Oxford, era uma corporação de mestres conforme o modelo parisiense, igualmente devotada aos estudos teológicos e filosóficos.

A consequência dessas novas instituições foi dar à educação superior um grau de prestígio e influência social que ela desconhecia desde a era helenística. As grandes escolas, como Paris e Bolonha, tinham *status* internacional. Elas recrutavam estudantes de toda a Europa Ocidental e davam a eles um sentido comum de valores intelectuais e da própria força institucional. Elas formavam uma elite intelectual – ou *intelligentsia* – que independia quase por completo de berço e riqueza, uma vez que muitos dos estudantes eram pobres e de origem humilde. É verdade que a educação universitária exigia tempo, entre outras coisas, e poucos estudantes que se matriculavam na faculdade de Artes no começo da adolescência podiam arcar com os seis anos de estudos necessários para o mestrado, e menos ainda com os doze anos adicionais para obter o doutorado. Mas aqueles que podiam seguir até o fim e conquistar a honra do título de Doutor em Divindade em Paris ou Oxford, ou Doutor em Direito Civil em Bolonha, ficavam em posição de alcançar os cargos mais elevados na Igreja e no Estado.

Portanto, qualquer que seja a nossa opinião sobre o valor do conteúdo da educação medieval, não pode haver dúvida de sua importância cultural como disciplina intelectual que moldou a mente ocidental, o que era claramente reconhecido na Idade Média, quando o *Studium*, ou o Estudo, era colocado lado a lado com o *Imperium* e *Sacerdotium* (Império e Sacerdócio) como uma das três grandes forças que governavam o mundo cristão. Assim, no século XIV e no XV, quando a unidade da cristandade foi quebrada pelo Grande Cisma, a Universidade de Paris interveio decisivamente para a solução do conflito, e seus principais doutores, como o chanceler Gerson e Pierre d'Ailly, tornaram-se, por algum tempo, as figuras mais importantes no mundo cristão.

E os novos conhecimentos e pensamentos que foram a substância intelectual da universidade medieval? Na modernidade, eles foram com frequência desprezados. "Escolástica" se tornou um termo insultuoso, e a síntese aristotélico-cristã foi tida como a materialização do obscurantismo e do tradicionalismo. Os homens não se davam conta da importância enorme de Aristóteles para a civilização medieval. Ele representou não só uma ideia de ciência e método científico, mas também uma nova ciência da natureza e do homem que foi a porta de entrada de todo um mundo de conhecimento e, por fim, de um ideal metafísico de uma superciência que forneceu a base racional da teologia. E, como afirmei, Aristóteles não veio sozinho: sua influência foi reforçada por toda uma literatura científica e filosófica que recuperou para o Ocidente o saber superior do mundo grego e do oriental. Desse modo, para a Europa do século XIII Aristóteles representou não o tradicionalismo, mas o espírito de inovação, e a ameaça real era de que o novo vinho estourasse as velhas garrafas e a cultura ocidental se visse dividida em um conflito entre filosofia racional e teologia tradicional, como, de fato, ocorreu no mundo islâmico na época. Tal perigo foi evitado pela nova universidade medieval, sobretudo pelo aristotelismo cristão de Santo Tomás, que permanece como a expressão clássica da filosofia católica.

Mas esse feito não se deve apenas à universidade. Pelo contrário, houve resistência considerável dos elementos conservadores em Paris e Oxford. A façanha resultou da união do novo saber com o espírito religioso das novas ordens de ensino internacionais, sobretudo os dominicanos e franciscanos — ambos encontraram na universidade medieval o lugar ideal para desenvolver seu apostolado intelectual. Foi por meio dessas novas ordens que o antigo ideal monástico de consagrar o saber ao modo de vida cristão foi renovado e ascendeu a um plano mais elevado. Por conseguinte, a grande era da escolástica medieval foi também a grande era do misticismo medieval, e o árido método de discussão lógica foi transcendido pelo conhecimento contemplativo superior da realidade espiritual. A mente medieval estava sempre consciente da finalidade última do homem e do objetivo de sua peregrinação intelectual e moral, como Dante observa na grandiosa passagem final de seu poema.[4]

No entanto, por mais que o exemplo de Dante demonstre que a nova cultura filosófica era capaz das maiores realizações literárias e estéticas, deve-se admitir que o progresso da filosofia e da ciência foi, em geral, acompanhado do declínio dos padrões literários da educação ocidental. A substituição do ensino de Aristóteles pelo estudo dos clássicos latinos, nos cursos de Artes das universidades medievais, compreendeu um sério atraso da causa do humanismo, designado pelo professor Gilson como *l'exil des belles-lettres*.[5] Essa tendência foi antevista e combatida pelo maior erudito inglês do século XII, John de Salisbury, em sua longa polêmica contra os filisteus. Do ponto de vista dele, tudo depende do "doce e fecundo casamento da Razão com a Palavra"; fonte da civilização humana, sem este os homens se tornariam brutalizados e a cidade degeneraria em uma horda de animais humanos. É verdade que seus inimigos não eram tanto os aristotélicos, mas os clérigos aproveitadores que intentavam usar a educação como meio para progredir no mundo, e não há dúvida de que esse tipo era bastante comum nas universidades medievais. O súbito crescimento das novas escolas nos séculos XII e XIII foi uma espécie de corrida do ouro intelectual e produziu uma democracia extraordinariamente vital, desordeira e tumultuosa, que se assemelhava mais com um acampamento de mineradores do que com a disciplinada vida acadêmica da universidade moderna.

---

[4] Dawson se refere à *Divina Comédia*, do florentino Dante Alighieri (1265-1321), especificamente aos versos derradeiros do "Paraíso", tomo final do poema. Um excerto: "Oh, quão curto é o dizer, e traiçoeiro, / para o conceito! este, para o que eu senti, / julgá-lo 'pouco' é quase lisonjeiro. // Ó eterna Luz que repousas só em Ti; / a Ti só entendes e, por Ti entendida, / respondes ao amor que te sorri!". Trad. Italo Eugenio Mauro. São Paulo, Editora 34, 2014. (N. T.)

[5] Em francês no original: "o exílio das belas-letras". A referência é a Étienne Gilson (1884-1978), acadêmico e historiador da filosofia, especialista nas obras de René Descartes e Santo Tomás de Aquino. (N. T.)

Mas, ainda que a tradição humanista estivesse divorciada da nova cultura científico-metafísica da universidade medieval, ela não estava perdida. Ela encontrou uma nova área para se expandir nas literaturas vernáculas criadas no mesmo período que viu a ascensão das universidades. Dante foi precedido por dois séculos de tentativas e experimentações da poesia francesa e provençal, e, ainda no século XII, poetas como Arnaut Daniel, no sul, e Chrétien de Troyes, no norte, são provas da existência de uma tradição literária altamente avançada. Essa tradição era bem diferente daquela das universidades e escolas monásticas. Seu centro era a vida nas cortes feudais, tão numerosas na Idade Média, que deram seu nome ao novo ideal moral e social que inspirou a nova literatura vernácula. *Curialitas*, ou "cortesia", foi para a Idade Média o que *civilitas*, ou "civilidade", foi para a antiga cidade-estado. Era a qualidade que caracterizava o bom cavaleiro ou "gentil-homem", assim como a *civilitas* caracterizava o cidadão e o homem livre.

Essa cultura "cortês" não era, de forma alguma, algo simples. Como já demonstrei em outro lugar,[6] ela representa a coalescência de vários elementos diferentes que se juntaram na Europa Ocidental na era das Cruzadas. De um lado, estavam as velhas tradições da era heroica do norte que ainda seguiam vivas na épica anglo-saxônica e nas sagas nórdicas – a vida comunitária do líder e seus seguidores, que banqueteavam juntos no grande salão e ouviam os menestréis cantar as façanhas dos heróis e as histórias do passado. E, de outro lado, havia a nova poesia e a nova música que vieram do sul na época das Cruzadas, a arte dos trovadores que cantavam o amor e os expedientes das damas e criaram o elaborado código de maneiras e costumes que se tornou o padrão do "cavalheirismo" e da "cortesia". E, por fim, houve a influência do latim e da cultura clássica, que levou Ovídio ao mundo dos trovadores e Alexandre e Eneias ao mundo de Carlos Magno e Artur.

Assim, ao mesmo tempo que a educação clerical superior era transformada por Aristóteles e pelas universidades, a educação secular sofria um processo paralelo de mudança que transformava o guerreiro bárbaro feudal no cavaleiro

---

[6] *Medieval Essays*, The Catholic University of America Press, 2002.

medieval. Com frequência questiona-se se o culto da cavalaria teve alguma influência profunda no comportamento e na moral das classes governantes da sociedade medieval. Contudo, não pode haver dúvida de sua importância como influência literária. Ele afetou todas as formas de literatura vernácula do século XI ao XVI, mesmo nos níveis mais populares. Influenciou não só Dante, Petrarca e Chaucer mas também os menestréis com seus cantos e o povo com suas baladas. Acima de tudo, teve profunda influência na religião, de tal forma que, de São Francisco em diante, a poesia e as experiências artísticas de místicos como Ramon Lull,[7] Jacopone de Todi, Mechthild de Magdeburgo, Henrique Suso e muitos outros foram coloridas pelo imaginário e pelo ideário da cultura cortesã.

É difícil superestimar a importância desse elemento na cultura medieval. Ele se espalhou por meio de uma centena de canais diferentes para a Europa inteira, afetando todas as classes da população. Acima de tudo, exerceu influência civilizadora e educativa nas classes governantes – que consideravam o estudo assunto de clérigos –, cujas energias eram devotadas à guerra e à caça. Ele trouxe o código de honra do campo de batalha para os pormenores da vida social e ensinou o cavaleiro a apreciar a poesia, a música e a arte da palavra falada e escrita. Os melhores escritores do século XIII, ao menos no norte europeu, não eram os eruditos que aproveitaram as vantagens da educação universitária, mas homens comuns e soldados, nobres ou cortesãos, como Conon de Béthune e Teobaldo de Champagne, Villehardouin e Joinville, Wolfram von Eschenbach, Snorri Sturlason e Walther von der Vogelweide.

Portanto, a tradição vernácula constituiu uma parte essencial da cultura cristã no Ocidente. É verdade que não era cristã no mesmo sentido que a antiga tradição eclesiástica e monástica, uma vez que incorporava muitos elementos não cristãos, mas era, de certa forma, mais significativa, pois mostrava como a tradição do Ocidente semibárbaro fora modificada e transformada no decorrer dos séculos por influência da cultura cristã.

O subsequente desenvolvimento da cultura europeia e da educação ocidental foi condicionado pela junção das duas tradições, e foi essa síntese, tanto

---

[7] Nome às vezes aportuguesado como Raimundo Lúlio. (N. T.)

quanto a retomada da literatura grega, que explica as origens do Renascimento italiano. A ascensão das cidades-estados na Itália medieval criou uma sociedade em que nobres, funcionários públicos e burgueses estavam quase no mesmo patamar, uma vez que o nobre era um cidadão, e o burguês um funcionário público. Assim, aristocratas como Guido Cavalcanti cultivavam a poesia e os ideais da cultura cortesã, enquanto os funcionários públicos eram, em geral, universitários que estudaram nas escolas de Bolonha e Pádua.

No século XIV, essas duas tradições culturais foram unidas não só na mesma cultura mas nos mesmos indivíduos. Dante usou o "doce estilo novo" da poesia cortesã vernácula para dar expressão literária à vasta síntese cósmica e teológica engendrada por Santo Tomás e seus predecessores na universidade medieval. Petrarca, por outro lado, e não obstante suas grandes realizações como poeta cortês vernáculo, tomou como o trabalho de sua vida reviver a tradição do estudo dos clássicos latinos, interrompida pelo triunfo da escolástica aristotélica. Desde a juventude ele adorava Cícero, em cujos escritos encontrou a união perfeita entre pensamento e linguagem de que falava John de Salisbury, e considerava a vitória dos dialéticos escolásticos como uma nova invasão bárbara, igualmente perigosa para a cultura latina e tradições cristãs. Contra eles, invocou a tradição da patrística, sobretudo Santo Agostinho, a quem considerava o representante supremo da filosofia cristã.

Devemos observar que não há, aqui, justificativa para a concepção popular do Renascimento como movimento irreligioso e neopagão. Houve, por certo, uma forte corrente de ideias racionalistas e heterodoxas na Itália do século XIV, mas, se nos fiarmos em Petrarca, os principais representantes dessa tendência estavam não entre os humanistas, mas em meio aos filósofos e cientistas, sobretudo os averroístas[8] de Pádua, contra quem grande parte das polêmicas de Petrarca se dirigia. O retorno à Antiguidade, como advogado pelo próprio Petrarca e por seu discípulo Coluccio Salutati, o chanceler da República de

---

[8] O averroísmo foi um movimento suscitado pelas interpretações e comentários das obras de Aristóteles feitas pelo filósofo islâmico Averróis (1126-1198). Os averroístas procuravam reconciliar as ideias aristotélicas com o islamismo, de um lado, e com a tradição judaico-cristã de outro. (N. T.)

Florença, e por Leonardo Bruni de Arezzo, era também um retorno à Antiguidade cristã e à aliança tradicional entre os estudos clássicos e os patrísticos.

Assim, por volta do século XIV, a divisão na cultura ocidental não era mais entre a tradição cortesã vernácula e a tradição latino-eclesiástica, ou entre um renascimento neopagão e o tradicionalismo medievo-cristão, mas entre humanistas e cientistas – ambos afirmavam defender a causa do saber autêntico e da verdade cristã. O pensamento dominante nas universidades que agora se espalhava pela Europa, da Espanha à Escócia, e da Alemanha à Boêmia, não era o agostinismo de São Boaventura ou o aristotelismo cristão de Santo Tomás, mas a *via modernorum*[9] de Guilherme de Ockham e seus discípulos.

Essa nova escola não criou nenhuma grande síntese metafísica. Ela se interessava sobretudo por questões de método e pela crítica das ideias tradicionais. Ela enfatizava a importância do conhecimento intuitivo direto – o conhecimento do singular –, do método indutivo e do princípio da economia, que vieram a se tornar os fundamentos da nova ciência da natureza. Assim, os filósofos do século XIV, com sua crítica da física aristotélica e sua concepção do método experimental, lançaram os alicerces da futura revolução copernicana, como podemos ver principalmente nos escritos de Nicole d'Oresme, pensador notável e versátil,[10] primeiro homem a propor uma clara declaração de objeções à aceita teoria geocêntrica ptolomaica do movimento celeste. Portanto, o conflito entre humanistas e escolásticos não foi, de forma alguma, mera oposição do progresso intelectual ao tradicionalismo ignorante, como se acreditou nos séculos seguintes. Pois, em muitos aspectos, a escolástica tardia foi mais original e crítica, em método e espírito, do que o humanismo que se inspirava na veneração cega da Antiguidade clássica.

Apesar disso, o desenvolvimento original dos estudos filosóficos e científicos, que teve seu centro nas universidades nortenhas, especialmente Paris e Oxford, não sobreviveu ao século XIV. Ele foi, em essência, um movimento

---

[9] Em latim no original: "via" ou "caminho dos modernos". (N. T.)

[10] Além de seus escritos sobre física, ele traduziu a *Política* e a *Ética* de Aristóteles para o francês e escreveu um tratado sobre cunhagem, *De l'origin, nature et mutation des monnaies*, talvez a primeira obra sobre questões monetárias.

internacional, a expressão intelectual do grande deslocamento rumo à unidade espiritual que inspirou todas as realizações características da cultura medieval e atingiu seu ápice no século XIII.

Mas, no fim do século XIV, essa unidade estava em processo de dissolução. A aliança entre o papado e os reformistas monásticos, que havia criado a unidade do século XIII, se rompera. A Igreja estava dividida pelo cisma e as áreas fulcrais da cultura medieval estavam sendo devastadas pelo conflito interminável da Guerra dos Cem Anos e pela disputa intestina entre França e Borgonha. O movimento conciliar do começo do século XV representou o esforço final da cristandade medieval para recuperar sua unidade perdida, quando as universidades, sobretudo a Universidade de Paris, tentaram afirmar a primazia do *Studium* como árbitro supremo do mundo cristão. O fracasso desse movimento marcou o fim da Idade Média e, com o fiasco, a liderança da cultura ocidental passou do norte para a Itália, e dos escolásticos para os humanistas.

3
A era do humanismo

A alta cultura da Europa moderna, e da América, foi formada pela tradição educacional que tem suas raízes no Renascimento italiano. Era uma tradição cujo centro não eram tanto as universidades, que por muito tempo mantiveram seu caráter medieval, mas as academias e comunidades científicas, as instituições jesuítas e as escolas públicas inglesas. Hoje essa tradição perdeu a supremacia intelectual e o prestígio social, mas ainda sobrevive nas culturas que criou, pois todas as literaturas vernáculas modernas, de Shakespeare e Milton até Goethe e Hölderlin, são suas filhas.

Mas, no presente, o Renascimento italiano e a cultura humanista são menos valorizados do que foram por mais de quatrocentos anos. Hoje seria difícil encontrar alguém que concordasse com a opinião de Voltaire de que a época do papa Leão X foi um desses raros momentos na vida da humanidade que "justifica a grandeza do espírito humano e compensa o historiador da árida visão de mil anos de estupidez e barbárie". No entanto o Renascimento italiano representa um ponto decisivo na história por mudar o eixo da cultura ocidental, coisa que nenhum historiador pode se dar ao luxo de ignorar. O núcleo da cristandade medieval podia ser encontrado no norte, nos territórios entre o Reno e o Loire, e era a fonte de quase todas as realizações características da Idade Média. Ali foi o centro do Império Carolíngio e da monarquia francesa e da sociedade feudal. Foi a fonte dos grandes movimentos de reformas monásticas e eclesiásticas e do movimento das Cruzadas. Foi o berço da arquitetura gótica e das escolas medievais de filosofia escolástica.

Mas, na Baixa Idade Média, crescia um novo tipo de sociedade na Itália e no Mediterrâneo radicalmente distinto da sociedade feudal-eclesiástica do norte. Era uma sociedade de cidades e cidades-estados onde a concepção política de cidadania tomou o lugar da relação feudal de lealdade e fidelidade, de tal forma que tendia a reproduzir os velhos padrões da cultura clássica das cidades mediterrâneas. Conforme a unidade da cristandade medieval se enfraqueceu e o velho centro nortenho da cultura medieval decaiu, o reavivamento da cultura mediterrânea se fortaleceu, tornando-se cada vez mais consciente de suas origens independentes e das grandes tradições do passado. Essa consciência foi incrementada pelo fato de que as cidades italianas se tornaram o poder dominante no Mediterrâneo Oriental, e isso as colocou em contato direto com as antigas tradições do Império Bizantino e da cultura grega. Veneza e Gênova governavam os mares Egeu e Jônico, uma dinastia florentina reinava em Atenas, e os próprios imperadores se viram forçados pelo perigo representado pelos turcos a deixar de lado sua hostilidade contra os latinos e buscar ajuda em Veneza e no papado.

Assim, no exato momento em que, conforme mencionei no capítulo anterior, ocorreu a ruptura final entre o papado e o movimento conciliar, este liderado pela Universidade de Paris, teve lugar uma reaproximação entre Roma e Constantinopla que levou à reunião das igrejas Oriental e Ocidental no Concílio de Florença, em 1439. É verdade que a União falhou em angariar apoio popular no Oriente e, por conseguinte, fracassou em salvar o Império Bizantino. Mas, ainda assim, ela produziu uma reaproximação entre as principais mentes da nova cultura italiana e os últimos representantes do helenismo bizantino.

Pois a cultura grega nos últimos dias do Império Bizantino não era tão decadente quanto se poderia supor tendo em vista o declínio político. Havia até mesmo sinais de um ressurgimento cultural mais inspirado nas tradições helênicas do que nas bizantinas. Mas as condições no Oriente eram desfavoráveis para esse desenvolvimento, e as províncias periféricas do mundo bizantino, como a Rússia, eram muito atrasadas para levar adiante as tradições da cultura grega.

Por conseguinte, era na Itália, e não no Oriente, que o solo estava propício para receber as sementes do helenismo. As cidades italianas se assemelhavam às cidades-estados da Grécia Antiga na intensidade de sua vida política, na atividade de seu impulso artístico e na acuidade de seus interesses intelectuais. Acima de tudo, a vida na cidade italiana reproduzia as mesmas condições sob as quais a *paideia* grega se desenvolveu originalmente – a necessidade de uma educação que instruísse o cidadão nas "artes liberais" que o tornariam apto para a vida pública, e a existência de uma audiência crítica capaz de apreciar as artes do orador, do poeta e do historiador. Foi para este mundo que os últimos representantes da alta cultura do mundo bizantino recuperaram as riquezas da literatura e da sabedoria grega, que por mil anos estiveram perdidas para o Ocidente.

Desde o Concílio de Lyon, no século XIII, sábios bizantinos visitavam o Ocidente como embaixadores. No fim desse século, Máximo Planudes, editor da *Antologia Grega*, foi o embaixador bizantino em Veneza, e, no século seguinte, Demétrio Cidônio não só trabalhou pela união das igrejas como introduziu a obra de Santo Tomás no mundo bizantino. Mas foi apenas com a vinda de Manuel Crisoloras, em fins do século XIV, que a influência da cultura grega na educação italiana se tornou plenamente efetiva. Como embaixador em Veneza, conferencista em Florença e Pádua e professor dos principais eruditos italianos de sua época, ele foi o homem que primeiro colocou abaixo a barreira que isolava a cristandade ocidental do contato direto com a cultura grega. A partir daí, as relações intelectuais entre Oriente e Ocidente se tornaram cada vez mais frequentes e próximas, atingindo o ápice quando o Concílio de 1439 trouxe o imperador e o patriarca e todos os principais representantes da cultura bizantina para Florença. Alguns deles fixaram residência na Itália, com destaque para o cardeal Bessarion, que se tornou uma das figuras de proa do Renascimento italiano. Bessarion era o principal representante do platonismo bizantino, e ninguém fez mais para encorajar o reavivamento dos estudos platônicos na Itália, coisa tão importante para a história do Ocidente quanto a redescoberta de Aristóteles, dois ou três séculos antes. E, assim como o retorno a Aristóteles implicou a retomada da tradição científica grega, o retorno a Platão foi acompanhado da redescoberta da poesia, da dramaturgia e da história grega. Em certo sentido, esta segunda renascença foi menos revolucionária que a anterior, pois, embora tenha ampliado o escopo da educação liberal, não alterou sua natureza.

Ela foi um retorno à tradição de John de Salisbury e da Escola de Chartres, que já haviam aceitado o ideal de *humanitas* e buscavam mais em Platão que em Aristóteles a fonte de sua filosofia. O platonismo de Marsílio Ficino e sua academia em Florença, que exerceu tão grande influência no pensamento do Renascimento italiano, era muito próximo do espírito de Bernardo Silvestre e da Escola de Chartres, ainda que estes só conhecessem o Platão do *Timeu* e do *Fédon*, ao passo que aquele leu o filósofo em sua língua original, além de Plotino e das obras dos comentadores neoplatônicos.

Mas, do ponto de vista educacional, a mudança foi enorme. O helenismo trouxe para a educação superior os elementos estéticos e morais perdidos nas discussões científicas dos escolásticos, embora tivessem sobrevivido em nível vernáculo na cultura cortesã. Agora os humanistas aprendiam com Xenofonte, Platão e Isócrates que a educação era uma arte que deveria mirar o desenvolvimento harmonioso de cada aspecto da natureza humana – físico, moral e intelectual. Com isso, eles adquiriram consciência das infinitas possibilidades de enriquecimento da vida pessoal por meio da arte e da literatura e das relações sociais.

Foi à luz dessas ideias que a tradição da educação humanista se desenvolveu, e por mais de cem anos, do começo do século XV até meados do XVI, houve mais reflexões e obras sobre questões educacionais que em qualquer período desde a grande era da cultura helênica. Porém, embora esse movimento fosse inspirado por uma intensa devoção à cultura clássica, ele não tinha consciência de nenhuma infidelidade à cultura cristã. Os grandes educadores humanistas, como Leonardo Bruni, Guarino de Verona, Vittorino da Feltre, P. P. Vergerio[1] e Maffeo Vegio, eram cristãos devotos que ansiavam por unir a cultura intelectual e estética do helenismo com os ideais espirituais do cristianismo. O aspecto cristão da cultura renascentista foi seriamente subestimado pelos historiadores do século XIX, sobretudo pelo maior deles, Jacob Burckhardt, o que de algum

---

[1] No caso, Pier Paolo Vergerio, o Velho (1370-1444), filósofo, poeta, historiador e jurista italiano, autor de obras influentes como o tratado *De Ingenuis Moribus et Liberalibus Adolescentiae Studiis*, acerca dos valores educacionais dos humanistas florentinos. Não confundir com Pietro Paolo Vergerio, o Jovem (1498-1565), teólogo, jurista, diplomata e bispo italiano que abraçou o protestantismo. (N. T.)

modo provocou uma reação exagerada em escritores modernos como Konrad Burdach e Giuseppe Toffanin.

Talvez a declaração mais moderada e justa seja a do erudito e educador inglês W. H. Woodward, autor de um estudo específico dos aspectos educacionais do humanismo. "Não se pode afirmar com muita convicção", ele escreve, "que o conhecimento cerrado das obras de Vittorino e Guarino e dos propósitos de Vergerio e Vegio revele total sinceridade das convicções religiosas que permeiam toda a sua prática educacional. A maior realização de Vittorino foi efetivar a reconciliação entre a vida cristã e os ideais humanistas; nisso ele foi seguido por outros mestres, ainda que raramente com a mesma consistência inabalável. É uma descrição justa da motivação subjacente do método de Vittorino que ele considerava a educação humanista como uma preparação para a cidadania cristã. Ele próprio assumiu um papel proeminente no ensino religioso nas escolas; e nos discursos, nas conversas privadas e, acima de tudo, em seu próprio exemplo, ele investiu toda a força de seu caráter para apoiar seus pupilos nos anos mais críticos da vida deles. Ele expressamente encorajou um senso de responsabilidade para com os pobres e sofredores, e jamais esqueceu sua obrigação cívica e sua sanção religiosa."[2]

A tentativa mais notável de asseverar uma concordância essencial entre cristianismo e helenismo nós encontramos na vida e na obra de Marsílio Ficino e no grupo de estudiosos e homens de cultura que formaram a Academia Platônica em Florença, na segunda metade do século XV. Seu objetivo era fazer por Platão e Plotino o que o século XIII fez por Aristóteles, e, embora bastante inferiores como metafísicos e teólogos aos pensadores medievais, eles foram muito bem-sucedidos no campo da cultura, e o platonismo cristão, que eles mais reavivaram do que criaram, tornou-se aceito por dois séculos como a filosofia do humanismo.

Ao mesmo tempo, eles criaram uma nova instituição que se tornou o principal órgão da nova cultura humanista. Os períodos do Renascimento e do Barroco foram, como um todo, a época das academias, e a academia era,

---

[2] *Vittorino da Feltre and Other Humanists Educators*, Cambridge, 1897, p. 242.

essencialmente, uma associação privada de eruditos e amadores que se reuniam para discutir tanto questões literárias quanto científicas. No decorrer dos dois séculos seguintes, tais associações foram os centros da alta cultura, e as universidades se mantiveram como os baluartes das tradições educacionais medievais e dos interesses intelectuais constituídos. As coisas não eram bem assim no começo, ao menos na Itália. No século XIV, a Universidade de Florença demonstrou uma consciência impressionante da cultura contemporânea ao atribuir uma cátedra a Boccaccio para que ele ensinasse Dante, o que é quase como se Cambridge tivesse dotado uma cátedra de estudos shakespearianos cujo primeiro ocupante fosse Milton! E, no decorrer dos séculos XV e XVI, as universidades italianas, especialmente as de Florença, Pádua e Ferrara, desempenharam papel importante no desenvolvimento dos novos saberes e nos primórdios dos modernos estudos científicos.

Também no norte dos Alpes a influência do Renascimento italiano foi primeiro sentida nos círculos universitários, e os líderes do movimento na Alemanha, França e Inglaterra, Reuchlin, Erasmo, Lefèvre d'Étaples, Fisher e John Colet, ainda representavam a tradição medieval do saber clerical e da sociedade eclesiástica. Por conseguinte, não surpreende que o aspecto cristão do Renascimento foi mais fortemente acentuado ali do que no sul, e a influência do platonismo cristão e da academia florentina foi mais intensa que a do humanismo puramente literário de Poggio e Valla. Todavia, embora o humanismo nortenho fosse aberta e conscientemente cristão, ele suscitou oposição muito mais ferrenha dos representantes da velha ordem do que foi o caso na Itália. As rixas literárias, tão numerosas e amargas entre os eruditos italianos, tornaram-se uma guerra ideológica entre conservadores e modernistas no norte gótico, em que estes usavam as armas da zombaria e da vituperação contra monges e teólogos, ao passo que os conservadores respondiam com acusações de heresia e com censuras eclesiásticas.

Por tudo isso os humanistas nortenhos foram considerados os precursores e até mesmo os originadores da Reforma. E isso é verdade, até certo ponto. Foram os humanistas que iniciaram a campanha pública contra a corrupção e superstições da Igreja no fim da Idade Média, e foi o maior de todos eles, Erasmo de Roterdã, quem começou a propaganda pelo retorno ao antigo cristianismo e à pureza evangélica do Novo Testamento. Contudo, o espírito da Reforma alemã era inteiramente distinto do espírito de Erasmo; quando o caráter dela ficou claro, ninguém ficou mais horrorizado do que os humanistas. A Reforma foi um movimento revolucionário do tipo mais abrangente, e incorporou todos os elementos norte-europeus que eram, em sua maioria, estranhos aos ideais da nova cultura humanista do mundo mediterrâneo. Seu grande líder, Martinho Lutero, foi o exemplo supremo do espírito anti-humanista, o inimigo da moderação e da razão, um individualista que negava a liberdade humana, um homem passional que condenava a natureza, um conservador que rejeitava a tradição.

A inerente contradição entre protestantismo e humanismo se tornou manifesta nos primeiros anos da Reforma, na controvérsia entre Lutero e Erasmo sobre o livre-arbítrio que levou a um amargo antagonismo entre os dois líderes e a um progressivo afastamento entre a Reforma alemã e a cultura humanista. Neste âmbito, contudo, o sucesso de Lutero foi bem menos completo do que na esfera da religião e da política. Ele destruiu a unidade espiritual da cristandade medieval, o ordenamento romano e a hierarquia católica junto com as instituições e crenças sobre as quais a cultura medieval fora fundada, sobretudo as ordens monásticas, que por séculos foram os principais representantes da alta cultura e os mestres do povo cristão. Tudo isso gerou, pela primeira vez na história do Ocidente, uma atitude revolucionária para com o passado e para com as normas herdadas da cultura. Como Döllinger escreveu, as novas gerações nas escolas e universidades "eram ensinadas a desprezar as gerações anteriores e, por conseguinte, seus próprios ancestrais como homens obstinadamente mergulhados no erro" e a acreditar "que os papas e bispos, os teólogos e as universidades, os mosteiros e todas as corporações de ensino formaram, por séculos, uma enorme conspiração para deformar e suprimir o ensino do Evangelho".[3]

Essa mudança revolucionária foi ainda mais grave do que poderíamos compreender hoje em virtude de seus efeitos destrutivos na mente das massas e na educação das pessoas comuns. Na Idade Média, educação nunca foi matéria de

---

[3] Dölinger, *The Reformation in Its Relations with the Schools and Universities and the Education of Youth in the Reformation*, vol. i, p. 397 (tradução francesa).

livros. Os principais canais da cultura cristã eram litúrgicos e artísticos. A vida comunitária se concentrava na igreja, na execução da liturgia e no culto aos santos. O ciclo anual de celebrações e jejuns era a base da vida social, e cada momento essencial na vida da comunidade encontrava nele a expressão ritual e sacramental apropriada. Arquitetura, pintura, escultura, música e poesia, tudo estava a seu serviço, e ninguém era pobre demais ou ignorante demais para compartilhar de seus mistérios.

Tudo isso foi varrido no intervalo de apenas uma geração, e uma nova cultura protestante teve de ser erigida quase exclusivamente sobre o estudo da Bíblia e da teologia dogmática das novas seitas. Houve completa separação ideológica entre a Europas católica e a Europa protestante. A verdade em um país era heresia em outro; até mesmo as concepções fundamentais da vida cristã, da perfeição moral, da santidade e da salvação, eram diferentes.

Se, por tudo isso, a revolução religiosa da Reforma tivesse se desenrolado rumo à sua conclusão lógica, não há dúvida de que a Europa Ocidental teria deixado de existir como unidade cultural. Haveria duas culturas completamente separadas, o norte protestante e o sul católico, divididas por uma cortina de ferro de perseguição e repressão que faria as duas metades da Europa tão estranhas e incompreensíveis uma para a outra quanto a cristandade era para o islamismo.

Foi a influência da educação humanista que salvou a Europa desse destino. O extremismo do próprio Lutero e o fanatismo da ala esquerda da Reforma não eram fortes o bastante para superar a influência do humanismo e da cultura clerical, influência que rompeu a cortina de ferro do conflito religioso e criou um ideal educacional comum aos dois mundos.

Pois, desde o começo, havia humanistas em ambos os lados e, a despeito de sua oposição ideológica, eles continuaram concordando substancialmente com os ideais educacionais e com o conceito de aprendizado humano. É verdade que a maioria dos humanistas nortenhos seguiu o exemplo de Erasmo e logo perdeu qualquer simpatia que pudesse nutrir pelos reformistas protestantes. Mas houve exceções à regra, especialmente na geração mais nova, e a mais importante das exceções, Melanchthon, fez de tudo para controlar o colapso da cultura e estabelecer uma boa tradição de educação protestante. Mas seu sucesso foi limitado, pois o humanismo alemão nunca se recuperou do choque causado pela Reforma. No oeste, contudo, a situação era diferente. Desde o começo, o protestantismo francês encontrou amplo apoio nos círculos humanistas. O próprio Calvino valorizava muito a educação e o estudo. Aonde quer que fossem os calvinistas, da Transilvânia a Massachusetts, eles levavam consigo não só a Bíblia e as *Institutas* de Calvino mas também a gramática latina e o estudo dos clássicos.

Enquanto isso, na Europa católica, a influência do humanismo cristão continuou a se desenvolver. Os líderes da cultura católica na época da Reforma, como os cardeais Sadoleto e Pole, mantiveram as tradições do século XV, e o tratado *De liberis recte instituendis* (1530), de Sadoleto, explica os ideais educacionais do humanismo em sua forma mais madura. Após o Concílio de Trento, com a Contrarreforma e as medidas drásticas para reprimir o protestantismo e reafirmar o controle da Igreja sobre a literatura e educação, a situação mudou. Não houve ruptura na continuidade da cultura como ocorreu no norte. A tradição da cultura popular permaneceu inalterada, e a Igreja usou a arte, a música e o teatro da época, tal qual fizera na Idade Média. Foi a infiltração do espírito religioso da revitalização católica na arte e na literatura renascentistas que fez nascer a cultura barroca, que se espalhou por toda a Europa católica no século XVII e estendeu sua influência até o norte, do mesmo modo como a arte e a cultura góticas se expandiram na direção contrária quatro séculos antes.

Os arautos dessa cultura foram as novas ordens religiosas, sobretudo a Companhia de Jesus, que desempenhou na cultura europeia dos séculos XVI e XVII papel similar ao dos beneditinos no começo da Idade Média ou ao dos franciscanos e dominicanos no século XIII. Como eles, os jesuítas deviam sua influência sobretudo às suas atividades educacionais; assim como os beneditinos adaptaram a educação clássica do Império Romano tardio aos objetivos cristãos, os jesuítas adaptaram a nova educação clássica dos humanistas do Renascimento aos ideais religiosos da Contrarreforma. O *Ratio Studiorum* jesuíta pertence à mesma tradição dos tratados humanistas sobre educação de que falei antes. Ele era, contudo, mais limitado e prático em seus objetivos. Sua originalidade residia mais na técnica e organização do que no conteúdo. No entanto, fez mais do que qualquer outra coisa para estabelecer um padrão internacional comum de educação superior, tanto que, mesmo na Europa protestante, as escolas jesuítas foram aprovadas por um crítico tão revolucionário da educação como Francis Bacon.[4]

Dessa forma, sob a influência do humanismo, a Europa católica e a Europa protestante compartilharam de uma cultura comum. As classes educadas estudavam as mesmas línguas do mesmo modo, liam os mesmos livros e aceitavam o mesmo padrão ideal "o erudito e o cavalheiro" estabelecido pelos livros como normas de cortesia da Itália renascentista – especialmente O *Cortesão* (1528), de Baldassare Castiglione, traduzido para quase todas as línguas ocidentais. A despeito das divisões religiosas da Europa, o mundo do saber, da literatura e das artes continuou sendo uma comunidade internacional, tanto que, mesmo durante as Guerras Religiosas, eruditos e cientistas se correspondiam, e ingleses e alemães continuaram visitando a Itália, como Milton, e estudando em Pádua, como William Harvey.

A persistência da unidade da cultura ocidental, não obstante a desunião da cristandade, deve ser vista no contexto no qual alguns esperavam que as forças de desunião fossem mais poderosas. Refiro-me às literaturas vernáculas. As novas literaturas nacionais refletiam, naturalmente, as divergências crescentes dos novos Estados nacionais; mas, ao mesmo tempo, todas elas incorporavam a mesma cultura humanista, derivada das mesmas fontes e regida pelos mesmos princípios de crítica e estilo. O intercâmbio das literaturas vernáculas nos séculos XVI e XVII, por meio de traduções, imitações e empréstimos não reconhecidos como tais, é tão universal que se torna impossível entender qualquer uma dessas literaturas separada das demais. Elas formam uma grande literatura, difundida Ocidente afora em diversas línguas vernáculas, da Itália até a França, Espanha e Portugal, e da Itália e da França até Inglaterra, Alemanha e Holanda.

Graças a essas literaturas vernáculas, a tradição humanista chegou ao nível da cultura popular até, eventualmente, alcançar qualquer homem que soubesse ler. Graças também à invenção da imprensa e à multiplicação dos livros, as classes

---

[4] "Quanto à parte pedagógica, a regra mais curta seria consulte as escolas dos jesuítas, pois nada melhor foi colocado em prática." Bacon, *de Augmentis Scientiarum*, livro VI, capítulo IV.

letradas havia muito deixaram de ser identificadas com a profissão clerical. Elas incluíam a classe alta e a classe média e um número considerável de artesãos e até mesmo de camponeses. Nesse quesito, o protestantismo, com sua insistência para que se lesse a Bíblia nas línguas vernáculas, teve considerável influência no crescimento da alfabetização entre os puritanos e nas seitas independentes que baseavam seu apelo na consciência do indivíduo crente. Consequentemente, em toda parte os puritanos davam extrema atenção às questões educacionais, tanto que na Nova Inglaterra, por exemplo, a legislação educacional de 1642 e 1647 é um avanço para a época, ainda que a educação visada fosse puramente religiosa e utilitária e não compartilhasse do espírito humanista que dominava a literatura vernácula na Europa. "Que estudante, que aprendiz", pergunta um escritor inglês em 1620, "não conhece Heliodoro?" Mas é seguro dizer que nenhum estudante da Nova Inglaterra conhecia Heliodoro ou Shakespeare, ou sequer Milton. Ele era alfabetizado para ler a Bíblia e os teólogos puritanos.

Mas o espírito estreito e intolerante da cultura puritana, sua falta de "doçura e luz", é tão repisado que se corre sério risco de exagero.[5] Na Inglaterra, em todo caso, alguns dos mais notáveis representantes do humanismo cristão, os Platonistas de Cambridge, pertenciam à tradição puritana e foram educados na Emmanuel College, o principal centro de influência puritana em Cambridge. O mais notável desses escritores, Peter Sterry, que foi um dos capelães de Oliver Cromwell e o assistiu em seu leito de morte, era também o mais humanista deles. Seu platonismo era o platonismo cristão de Marsílio Ficino e Pico della Mirandola, que eram a verdadeira fonte de todo o movimento. Ele era também homem de vasta cultura e dos mais amplos interesses, estudioso não só de Platão e Plotino, mas também dos escolásticos medievais, dos místicos católicos e da literatura secular de seu tempo, incluindo dramaturgos como Shakespeare e Fletcher, anátemas do puritano médio.

Ele escreveu acerca da poesia: "Há exemplos disso nas peças Divinas desses Espíritos Divinos (como eles são estimados e chamados), *Homero, Virgílio, Tasso,* nosso inglês *Spenser,* e alguns outros como esses; as *Obras* deles são chamadas

---

[5] H. J. C. Grierson, "Humanism and the Churches". In: *Cross Currents in English Literature in Seventeenth Century,* capítulo VI, 1929.

de *Poemas*. Assim é a Obra de Deus na Criação, artificiosa do princípio ao fim, nomeada πουλιὰ τοῦ Θεοῦ, Poema de Deus. É uma Observação elegante e judiciosa, de um sábio e sagrado Divino, que as Obras dos Poetas, na excelência de sua imaginação e artifícios, são imitações elaboradas daqueles Poemas Originais, as obras e artifícios Divinos do Espírito eterno. Pelas mais justas Luzes da Razão e da Religião devemos assim julgar; Que excelentes Poetas, do alto de seus ânimos e fantasias, foram tocados e aquecidos por um Raio Divino, por meio do qual a suprema Sabedoria formou sobre eles, e portanto sobre sua obra, alguma fraca impressão e obscura Imagem de si".[6]

Assim, sob a influência do humanismo, a cultura cristã voltou a florescer até mesmo no árido solo do puritanismo. De fato, no decorrer do século XVII, houve um momento em que essa cultura tinha riqueza de conteúdo e clareza de visão do mundo *sub specie aeternitatis*[7] maiores do que em qualquer época anterior ou posterior. Na Inglaterra, vemos isso nos escritos de Sterry e Traherne e na poesia cristã de Herbert e Vaughan; na França, em Yves de Paris, o humanista franciscano; e, Europa afora, na literatura da grande era do misticismo barroco. Isso se deveu, sem dúvida, ao fato de que os homens daquele período, mais do que os de qualquer outro, tinham consciência de que eram herdeiros de uma dupla tradição e, em maior ou menor grau, estavam todos em casa nos dois mundos – no mundo da Antiguidade clássica e no mundo cristão. Eles descobriram um novo mundo de conhecimento sem perder o velho mundo da fé. Do tempo de Petrarca ao de Milton, os humanistas cristãos representam a principal tradição da cultura ocidental, e sua influência ainda domina a educação, a literatura e a arte. A secularização da cultura ocidental data não do Renascimento ou da Reforma, mas do Iluminismo do século XVIII.

---

[6] V. de Sola Pinto, *Peter Sterry: Platonist and Puritan*, Cambridge University Press, 1934, p. 164-65.

[7] Em latim no original: "do ponto de vista da eternidade". (N. T.)

4
A influência da ciência e da tecnologia

O feito mais impressionante do desenvolvimento educacional por nós pesquisado nos três últimos capítulos é a sua extraordinária unidade. No decorrer de todo o período entre os séculos IV e XVII, ele foi sistematicamente dominado pelas duas grandes tradições do cristianismo e da cultura clássica, e, embora tivesse havido grandes mudanças em termos de ênfase, método e conteúdo, os dois elementos básicos permaneceram constantes. Os humanistas do Renascimento retornaram às fontes da tradição clássica, assim como os eruditos carolíngios e os escolásticos do século XIII. A Reforma foi um movimento revolucionário que rompeu a continuidade da tradição religiosa ocidental, mas também se voltou para o passado e tentou reformar a Igreja por meio da restauração do cristianismo primitivo baseada no estudo das Escrituras. À primeira vista, parece difícil entender como a cultura europeia se tornou secularizada, uma vez que, no século XVII, tanto a cultura barroca do sul católico quanto a cultura protestante do norte eram inspiradas por ideais cristãos e baseadas na devoção cristã. As universidades ainda eram corporações religiosas, a educação primária e secundária ainda era controlada pelo clero, e a produção literária de obras religiosas era maior do que nunca.

Mas este é apenas um lado da questão. Fora do mundo dos livros, fora da escola e da universidade, a Europa passava por imenso processo de mudança, e um novo mundo surgia. Era um novo mundo no sentido literal, pois a era das descobertas, iniciada no século XV, havia eliminado os limites fixos do velho *orbis terrarum*[1] e subitamente aberto, para o homem ocidental, um mundo maior de continentes e oceanos cuja mera existência era desconhecida pelo indivíduo civilizado. Tais descobertas foram possibilitadas pelas novas tecnologias que evoluíram de modo gradual durante a Idade Média. Elas pertenciam mais ao mundo dos artesãos e mercadores que ao mundo dos eruditos e cientistas, ainda que dependessem destes por causa do elemento astronômico na arte da navegação e do uso do astrolábio, o primeiro instrumento propriamente científico que herdamos da ciência árabe. Pois a tradição da cultura ocidental não se limita às escolas; ela foi transmitida também por meio das guildas dos artífices e das oficinas dos artesãos. Foi ali que as novas artes "mecânicas" se desenvolveram e produziram estes instrumentos indispensáveis da tecnologia ocidental: o relógio, a arma de fogo e a máquina de impressão.

Na Itália, na época do Renascimento, a tradição artesanal foi colocada em relação próxima com a tradição da alta cultura por meio da arte. O artista era colega do artesão, e os grandes escultores florentinos do século XV eram também artífices e auríficies, como Verrocchio, Ghiberti e Donatello. O prestígio do artista, que era maior do que nunca, comunicava-se em algum grau com o prestígio do artesão e afetava cada aspecto da vida e das atividades sociais.

Então, quase pela primeira vez na história, encontramos uma sociedade altamente culta e erudita em que habilidade manual, técnica, mecânica e invenções científicas e artísticas eram igualmente tidas em alta estima, de tal modo que a aplicação da ciência à vida pela arte e pela técnica se tornou matéria de conhecimento comum. O exemplo máximo dessa nova atitude pode ser encontrado em Leonardo da Vinci, que foi, ao mesmo tempo, o maior dos artistas do Renascimento, o grande mestre da invenção técnica e o pensador e cientista mais original de sua época. Contudo, Leonardo pouco devia à educação formal, fora da oficina de Verrocchio. Ele se orgulhava de chamar a si mesmo de *uomo senza lettere* – homem iletrado – e falava com desprezo dos eruditos que só usavam os próprios olhos para estudar os antigos. O único conhecimento verdadeiro é encontrado no estudo da natureza e nas "ciências matemáticas, que

---

[1] Em latim no original: "orbe terrestre", ou simplesmente "Terra". (N. T.)

contêm a verdade e a real sabedoria das coisas". Tal conhecimento era aplicado por Leonardo em todos os campos possíveis: na pintura e na escultura, na arquitetura e no urbanismo, na engenharia e na artilharia; e ele levou suas teorizações para muito além do alcance da prática contemporânea, para questões tão remotas quanto os problemas mecânicos do voo artificial.

Apesar de tudo isso, Leonardo não foi um gênio totalmente autodidata. Ele herdou uma tradição científica muito antiga, que ele recebeu de Robert Grosseteste e Roger Bacon por intermédio de acadêmicos parisienses e Nicolau de Cusa e contemporâneos deste, Toscanelli e Luca Pacioli.[2] Foi dessa fonte que ele derivou sua ideia de ciência experimental e da matemática como a chave universal que poderia abrir os segredos da natureza. Mesmo seu pensamento acerca do valor prático da ciência aplicada não era novo, pois já havia sido expresso por Roger Bacon no século XIII. Nova foi a maneira como ele uniu suas teorias científicas à vívida tradição técnica do artista e do artesão do Renascimento. Roger Bacon foi um visionário cuja ciência experimental não estava muito distante da arte mágica do alquimista e do astrólogo. Leonardo era engenheiro e artesão, e seus numerosos desenhos, como o da metralhadora de canhão, pertencente à coleção Windsor, mostram quão acentuado era seu interesse por problemas mecânicos práticos.

Mas ele diferia de seus predecessores também em sentido mais fundamental. A velha tradição oxfordiana de Grosseteste e Roger Bacon era profundamente religiosa, cristã e mística, e isso é igualmente verdade quanto ao seu sucessor do século XV, Nicolau de Cusa. Contudo, apesar de que Leonardo estivesse longe de ser irreligioso, sua religião não era de forma alguma cristã. Ele era naturalista e panteísta à maneira dos primeiros pensadores helênicos. De fato, seus aforismos têm impressionante semelhança, em estilo e forma, com os dos pensadores pré-socráticos da Jônia, como Heráclito. "Necessidade", ele escreveu, "é a senhora e guia da natureza; o freio e a Lei Eterna."

Essa concepção da Natureza como uma unidade viva que alcança a perfeição e é governada por suas próprias leis eternas não é específica de Leonardo.

---

[2] Essa tradição foi analisada minuciosamente por Pierre Duhem em sua primeira e importante obra *Études sur Léonardo de Vinci – Ceux qu'il a Lus et Ceux qui l'ont Lu*, 3 vols., 1906-1909.

Ela é comum aos filósofos italianos do século seguinte – Telésio, Bruno e Campanella, para citar apenas os mais festejados –, mas a todos os posteriores a Leonardo da Vinci. Contudo, a despeito de sua originalidade, é improvável que provenha dele, assim como ele não criou sua teoria da ciência experimental ou sua teoria matemática.

Qual é, então, sua procedência? Ela se encontra nas pesquisas anatômicas e biológicas que o colocaram em contato com a tradição dos estudos médicos, cujo centro era a Universidade de Pádua. Ao longo da Idade Média tardia, a influência intelectual dominante em Pádua foram os averroístas, que haviam separado o aristotelismo "científico" das questões teológicas e, assim, chegado à concepção dualista das "duas verdades" da Razão e da Fé, cada uma suprema e autônoma em sua própria esfera. Partindo desta posição paradoxal, bastava um passo para chegar ao racionalismo radical, e Petrarca descreveu quão abertamente os averroístas paduanos de seu tempo professavam desprezo pelo cristianismo e sua crença na autoridade última da razão.[3]

Nada, é claro, está mais distante da filosofia de Leonardo que o dogmatismo escolástico dos averroístas, mas estes criaram uma atmosfera de racionalismo e ceticismo que se disseminou pela Itália nos séculos XV e XVI, sobretudo nas faculdades de medicina das universidades. Ademais, a tentativa de retornar à autêntica tradição grega do ensino aristotélico, levada a cabo por Pietro Pomponazzi (1462-1525), contemporâneo de Leonardo, apenas fortaleceu a tradição naturalista, uma vez que seu ensino era ainda mais abertamente contrário à doutrina cristã dos milagres e da imortalidade da alma que a doutrina averroísta.

Assim, enquanto a principal tradição da educação humanista era platônica, espiritualista e cristã, o novo movimento científico do Renascimento era cético, naturalista e racionalista. E, da época de Pomponazzi em diante, a tendência subjacente de pensamento racionalista se estendeu gradualmente da Itália para o resto da Europa Ocidental, sobretudo para a França, e influenciou a minoria

---

[3] Essa história foi estudada em minúcias por vários historiadores do texto literário francês: por exemplo, J. R. Charbonnel, *La Pensée Italienne au XVIe Siècle et le Mouvement Libertin* (1917), e H. Buisson, *Les Sources et le Dévelopment du Rationalisme dans la Littérature Française de la Renaissance* (1922).

alienada pela intolerância mútua dos reformistas e de seus adversários católicos. No entanto, ela falhou em dominar a mente dos líderes do movimento científico europeu que chegou à maturidade no século XVII. Pois as maiores conquistas da ciência renascentista, como as representadas por Copérnico, Kepler e Galileu, baseavam-se no ideal matemático da ciência natural, o qual derivava da tradição medieval da escola de Oxford, através de Nicolau de Cusa, e, em última instância, mais de Platão e Pitágoras do que de Aristóteles e Averróis. Por outro lado, quanto mais os cientistas se convenciam do valor do método experimental e da necessidade de métodos exatos, mais eles desconfiavam das especulações abstratas dos filósofos, tanto ortodoxos quanto não ortodoxos. Não foi para um representante da ortodoxia tradicional, mas para Campanella, o discípulo de Telésio, que Galileu escreveu: "Valorizo mais a descoberta de uma verdade, mesmo em uma questão menor, do que discutir à exaustão as grandes questões sem alcançar verdade alguma".[4]

Contudo, ainda durante a vida de Galileu, a causa da ciência moderna e da pesquisa científica já estava sendo defendida, com eloquência e convicção inigualáveis, por alguém que não era matemático. Hoje, ninguém vê Francis Bacon como um grande cientista, poucos o consideram um grande filósofo, e, no entanto, ninguém fez mais do que ele para conscientizar o mundo educacional da nova força que era ignorada, em igual medida, por teólogos e humanistas. Ele foi o primeiro homem a pregar com autoridade o evangelho da nova filosofia da ciência concreta e afirmar a necessidade de uma completa reorganização dos estudos sobre essa nova base.

Nesse trabalho de polêmicas, publicidade e propaganda, ele foi brilhantemente bem-sucedido, e a geração seguinte reconheceu sua importância única, como podemos ler na famosa ode de Cowley à fundação da Royal Society:

> Desses e dos grandes Erros do caminho,
> Nos quais nossos errantes Predecessores incorreram,
> E como os velhos *Hebreus* por muitos anos vaguearam
> Em Desertos mas de pequena extensão,

---

[4] *Galileo opera*, Ed. Nat., IV, 738.

> *Bacon*, como *Moisés*, enfim nos guiou adiante
> A Imensidão árida ele ultrapassou,
> E na Fronteira exata ficou
> Da abençoada Terra prometida,
> E do Cume das Montanhas de sua Excelsa Sabedoria,
> Viu por si mesmo, e nos mostrou.[5]

É verdade que Bacon ficou de fora da corrente principal da ciência do século XVII em virtude de sua falha em apreciar a importância da matemática e a natureza da revolução científica levada a cabo na era de Galileu, Huygens e Newton. Por outro lado, ele tinha concepção mais clara do que qualquer de seus contemporâneos acerca do caráter instrumental da ciência e de seu poder de transformar as condições da vida humana. Nisso ele se assemelha ao seu homônimo, Roger Bacon, que via a ciência experimental como o instrumento com o qual o homem poderia se tornar o mestre da natureza, de tal forma que ambos são os precursores e profetas da era tecnológica. E eles se assemelham também em sua concepção da relação entre ciência e religião, uma vez que acreditavam que não poderia haver conflito entre ciência e religião, razão e revelação, pois tudo isso tende para o mesmo fim – o culto e a glória de Deus.

É verdade que a desconfiança que Bacon nutria pela metafísica e pelo misticismo o fez traçar uma linha artificialmente tênue entre religião e ciência, o que, no fim das contas, resultou em completo divórcio entre elas. Mas ele não poderia prever o uso que Voltaire e os enciclopedistas fariam do seu dualismo de teologia fideísta e ciência empírica. Ele próprio era homem de fé, e é impossível questionar a sinceridade do nobre orador que prefacia a *Instauratio Magna*:

> E nisso está tudo, se nunca afastamos das próprias coisas os olhos da mente e tomamos suas imagens tal como são. E não permita Deus que publiquemos o sonho da nossa fantasia como um modelo de compreensão do mundo; mas antes nos ajude em sua bondade, para que escrevamos uma revelação e uma verdadeira visão dos vestígios e sinais que o Criador deixou nas criaturas.

---

[5] "To the Real Society", de Abraham Cowley (1618-1667). (N. T.)

> Assim Tu, Pai, que a luz visível, como primeiro fruto, deste às criaturas, e sopraste no rosto do homem, como ápice das tuas obras, a luz intelectual, protege e dirige esta obra, que partindo da tua bondade busca novamente a tua glória. Tu, depois que te voltaste para contemplar as obras que tuas mãos tinham feito, viste que todas eram muito boas, e descansaste. Mas o homem, voltado para as obras que suas mãos fizeram, viu que todas eram vaidade e perturbação do espírito, e não descansou de modo algum. Porque se nas tuas obras nos esforçarmos, farás de nós participantes de tua visão e de teu descanso. Pedimos, como suplicantes, que nossa mente fique firme, e que com novos benefícios queiras ver dotada a família humana, através das nossas mãos e das de outros a quem deres o mesmo espírito.[6]

Essa combinação de piedade cristã e utilitarismo científico, tão distante do fogo prometeico de um Leonardo ou de um Bruno, era muito mais aceitável para a mentalidade da nova cultura burguesa que se desenvolvia na Inglaterra e na Holanda durante o século XVII, e continuou característica do pensamento científico inglês por mais de um século. Ela foi o espírito dos fundadores da Royal Society, de Boyle e *Sir* Isaac Newton e, em outro campo, de John Locke. Sem nenhuma ruptura com a tradicional ortodoxia religiosa, uma revolução intelectual foi levada a cabo, transformando a concepção ocidental do universo e da vida humana e produzindo efeitos duradouros na tradição educacional do Ocidente.

Os conflitos religiosos que dividiram a cultura ocidental por quase dois séculos ficaram em segundo plano na medida em que protestantes e católicos compartilhavam da mesma fé na natureza humana, da mesma esperança no esclarecimento científico e da mesma devoção à causa da humanidade e do progresso.

Pois, embora o movimento intelectual que acabei de mencionar fosse caracteristicamente inglês e protestante, a tradição mais intelectualista e matemática do pensamento continental levava adiante uma revolução paralela sob

---

[6] *A Grande Restauração – Textos Introdutórios e A Escada do Entendimento*. Organização, tradução e notas de Alessandro Rolim de Moura e Luiz A. A. Eva. Curitiba, Segesta, 2015. (N. T.)

a liderança de Descartes. O chocante contraste entre métodos e mentalidade de Descartes e os de Bacon pode fazer-nos ignorar as similaridades entre seus objetivos e o trabalho que realizaram. Pois Descartes, não menos que Bacon, acreditava na possibilidade e na necessidade de uma completa instauração do saber sobre uma nova base, e aceitava o ideal da ciência como o instrumento do progresso humano, pelo qual os homens se tornariam "os mestres e senhores da natureza".

É verdade que nada poderia ser menos parecido com o método indutivo de Bacon do que o ideal de Descartes de uma única ciência universal quantitativamente pura, da qual a natureza pudesse ser deduzida por completo. Mas ambos deram uma contribuição essencial para o desenvolvimento da visão científica moderna. E a junção dessas duas tradições pela introdução das ideias inglesas na França mais a combinação do empirismo inglês com o racionalismo francês deram início à era do Iluminismo.

No decorrer do século XVIII, um profundo interesse pelas ideias científicas se espalhou por todas as classes da sociedade, da corte à burguesia, e mudou por completo o clima da cultura europeia. É verdade que as formas tradicionais de educação permaneceram inalteradas por muito tempo. Tanto na Inglaterra quanto na França, o século XVIII foi uma época de estagnação nas universidades e colégios, onde os velhos métodos escolásticos seguiam quase sem sofrer mudanças, embora tivessem perdido toda a vitalidade e prestígio. Mas, fora dos muros da escola, tudo estava sendo criticado e transformado. Não só as teorias educacionais mais revolucionárias eram propostas por dúzias de escritores mas também a *instauratio magna* que Bacon pregara se tornou uma realidade viva – a força intelectual dominante na cultura ocidental.

A base desse novo saber era matemática. A matemática ocupou o lugar da lógica escolástica e dos clássicos como a matéria fundamental, e nunca houve uma época em que as relações entre matemática e cultura geral foram mais próximas, e homens de letras, como Fontenelle e D'Alembert, deram contribuições tão grandes aos estudos matemáticos. Como A. N. Whitehead afirmou tão bem: *"Les philosophes* não eram filósofos. Eles eram homens de gênio, insistentes e perspicazes, que aplicaram o conjunto de abstrações científicas do século XVII à análise do universo infinito".⁷ Esses homens eram propagandistas soberbos. Viam com clareza e escreviam com clareza, e o que não viam, ignoravam. Metafísica era um mero disparate, fé religiosa era superstição, e mistérios eram confusão. A época estava escancarada para os olhos do cientista filosófico e para as mãos do tecnólogo científico. Tudo o que era necessário era tornar os homens razoáveis por meio da educação e de um governo esclarecido e libertar-lhes a mente da superstição e do preconceito.

Assim, a combinação do racionalismo cartesiano, da física newtoniana e do empirismo lockiano produziu um composto altamente explosivo, que detonou na segunda metade do século XVIII e quase destruiu a tradicional ordem tríplice da cristandade – Igreja, Estado e Estudo. Na Inglaterra, onde o ingrediente cartesiano estava ausente, o progresso da ciência teve efeitos bem menos revolucionários. O deísmo⁸ inglês foi um episódio de transição. A ciência continuou fiel às tradições fideístas de Bacon e Newton, e foi no campo tecnológico que as mudanças mais importantes ocorreram. Na França, por sua vez, a ciência se tornou uma filosofia, um credo e uma religião. Os partidários das novas ideias se organizaram como seita militante e, sob a liderança de D'Alembert, Voltaire e Diderot, embarcaram em uma das mais sutis e habilidosas campanhas de propaganda ideológica já empreendidas. O francês era a língua comum da Europa instruída, e onde quer que fosse falado ou lido, nas cortes e no campo, nos salões e cafés, da Rússia a Portugal, a influência da seita se fez sentir por mil diferentes canais.

A grande obra pública cooperativa que deu nome ao movimento, a famosa *Encyclopédie*, editada por Diderot e D'Alembert com o apoio dos principais cientistas e homens de letras franceses, foi publicada, em meio a inúmeros percalços, nos quinze anos entre 1750 e 1765. A despeito de todos os seus defeitos e incongruências, foi um grande sucesso e marcou época. Ela forneceu ao mundo

---

⁷ *Science and the Modern World.* Penguin Ed., p. 75.

⁸ O deísmo é um posicionamento filosófico naturalista que postula a criação do universo por uma espécie de inteligência superior, um "princípio criador" que não deve ser confundido com o deus providencialista das religiões teístas. Fiando-se na razão, os deístas rejeitam as revelações e os dogmas como superstições. (N. T.)

instruído uma suma do novo saber – uma pesquisa detalhada de todo o reino da ciência, tecnologia e cultura, algo que não existia até então. Não menos importantes eram as seções dedicadas à tecnologia e à indústria, obra de Diderot, e a excelente série de gravuras que as ilustravam, pois mostravam que os homens de letras tinham agora plena consciência da chegada da era das máquinas e do lugar da fábrica e da oficina na cultura ocidental.

Portanto, antes que a Revolução Industrial tivesse começado, os novos filósofos já preparavam o caminho para seu triunfo. Ciência e indústria eram os dois flancos do exército do progresso que seria coordenado e unido por um sistema reformulado de educação racional.

O homem nasceu para entender e usufruir da natureza, mas ele era incapaz de fazer isso enquanto seus instintos naturais fossem frustrados e sua inteligência fosse distorcida e pervertida pelo sistema antinatural de educação que lhe era infligido durante os anos mais suscetíveis de sua vida. Logo, o primeiro e mais importante passo para a libertação da humanidade era livrar a mente imatura da tirania dos padres e pedantes. Mas era impossível dar este passo antes que o poder da Igreja, das ordens de ensino e das universidades fosse destruído. Era uma tarefa gigantesca, que os filósofos jamais teriam realizado sem ajuda. Mas a velha ordem estava dividida – os advogados contra o clero, os galicanos contra os ultramontanos, os jansenistas contra os jesuítas –, de tal modo que os filósofos puderam usar sua considerável influência nas altas esferas para tirar proveito dessas disputas intestinas. Assim foi que a Companhia de Jesus, a maior das ordens de ensino e o principal órgão da cultura católica por dois séculos, caiu vítima das intrigas de facções obscuras e da propaganda da minoria racionalista.

Visto que os jesuítas controlavam a maioria das universidades e escolas secundárias, não só na França como em toda a Europa, sua queda deixou o sistema educacional desorganizado e indefeso. Mas os filósofos ainda não estavam prontos para aproveitar a oportunidade. Como vemos em sua correspondência e no panfleto *Sur la Destruction des Jésuites en France*, de D'Alembert, eles foram pegos de surpresa pela inopinada e completa vitória. É fato que várias propostas de reforma foram apresentadas, em especial por Caradeuc de la Chalotais, um dos líderes da campanha antijesuíta que advogava um sistema civil e secular de línguas modernas e modernos estudos científicos. Ainda mais significativo foi o plano abrangente de autoria de Diderot de uma nova universidade apresentado à imperatriz Catarina. Ele constitui o mais completo exemplo do ideal enciclopedista de uma educação científica avançada, que incluía tecnologia, física, biologia e química e era baseada na matemática. Mas pouco ou nada foi feito em virtude da fragilidade e apatia do governo. Contudo, no decorrer dos 25 anos entre a queda dos jesuítas e a Revolução Francesa, a influência das novas ideias continuou a se espalhar, e as velhas tradições educacionais das universidades medievais e dos colégios humanistas foram mais e mais desacreditadas.

Então, quando veio a Revolução, as velhas instituições educacionais não encontraram defensores. As 22 universidades da França, incluindo a Universidade de Paris, a mais famosa da Europa, caíram sem lutar. Seus privilégios foram abolidos, suas doações foram confiscadas e, por fim, pela Lei de Setembro de 1793, elas foram totalmente suprimidas junto com os colégios e a maioria das escolas secundárias que restavam.[9] Jamais, nem mesmo na Reforma ou na Revolução Russa, ocorreu massacre tão absoluto de instituições educacionais. Removeram-se, assim, todos os obstáculos à completa reorganização de todo o sistema de educação nacional. No entanto, as conquistas positivas da Revolução Francesa na esfera da educação foram pequenas.

Programas ela produziu em abundância: o programa educacional de Talleyrand em 1791, o de Condorcet em 1792, o patrocinado por Robespierre em 1793 e o de Daunou em 1795. Todos eram programas interessantes; alguns, como o de Condorcet, por antecipar os ideais mais avançados de educação democrática; outros, como o programa jacobino de 1793, por prefigurar as piores extravagâncias do totalitarismo educacional; mas nenhum deles saiu do papel, de tal forma que, na época em que Bonaparte chegou ao poder, a França não tinha nenhum sistema educacional em funcionamento havia dez anos. Como disse Chaptal quando Bonaparte assumiu o comando, foi uma geração perdida. Uma realização positiva, contudo, pode ser creditada à Revolução no campo tecnológico: o estabelecimento da famosa École Polytechnique, projetada pelo

---

[9] A única instituição educacional pública que sobreviveu foi o Collège de France, que ainda ocupa seu lugar original na Rue des Écoles.

Comitê de Salvação Pública como escola central de engenharia e obras públicas, e do Conservatoire des Arts et Métiers: ambos se tornaram padrão de instituições similares em todo o mundo civilizado.

A despeito dessas exceções, foi tarefa de Bonaparte reconstruir todo o sistema nacional de educação desde as fundações, e ele se entregou ao trabalho no melhor estilo napoleônico. Ninguém tinha mais consciência da importância disso para o Império, mas sua concepção de educação era de cunho sociológico e político. "De todas as questões políticas", ele escreveu em 1805, "a educação é talvez a mais importante. Se a criança não é ensinada desde a infância a ser republicana ou monarquista, católica ou livre-pensadora, e assim por diante, o Estado jamais se tornará uma nação. Ele repousará sobre alicerces inconstantes e inseguros, continuamente exposto à desordem e à mudança. O fundamental é um corpo docente instituído sobre princípios inabaláveis, como os jesuítas no passado."

Mas, embora não objetasse que ordens religiosas como os Irmãos das Escolas Cristãs instaurassem escolas primárias para as classes mais pobres, ele não tinha intenção de permitir que a Igreja recuperasse sua velha influência sobre o sistema educacional. Pelo contrário, estava determinado a manter o sistema inteiro sob controle direto do Estado e fazer da profissão de professor uma ramificação do serviço público. A fim de concretizar esse ideal, ele decretou em 1806: "Fica estabelecido, com o nome de Universidade Imperial, um corpo exclusivamente responsável pelo dever do ensino e da instrução públicos em todo o Império". Não era, é claro, uma universidade no velho sentido da palavra, pois abrangia todo o campo educacional e o território inteiro do Império. Era uma organização autoritária e hierárquica que detinha o completo monopólio da educação, pois, de 1808 em diante, tornou-se ilegal abrir qualquer escola ou estabelecimento educacional fora da Universidade Imperial e sem a autorização de seu diretor, o Grande Mestre.

Assim, com um só golpe, o novo Estado adquiriu controle total e centralizado da educação, o que a própria Igreja jamais tivera nos dias em que seu poder praticamente não era desafiado. E, embora esse totalitarismo educacional fosse totalmente oposto ao idealismo liberal de Talleyrand e Condorcet, ele ao menos representou a conclusão lógica do princípio jacobino da função cívica da educação e o ideal enciclopedista de um sistema educacional unificado e racionalizado, sob controle secular. Na verdade, o esquema era grandioso demais e o tempo era muito curto para que a coisa fosse plenamente concretizada, e a educação privada continuou a existir e até mesmo a prosperar de forma modesta. Entretanto, a universidade napoleônica marcou época na história da educação ocidental. Ela permanece no limiar de uma nova era – um monumento impressionante à nova força que almejava controlar a vida intelectual da sociedade e estampar indelevelmente sua marca na mente do indivíduo em seus anos mais impressionáveis.

5
O nacionalismo e a educação do povo

Enquanto o Iluminismo e a Revolução avançavam triunfantes

> Para arruinar o grande trabalho do Tempo
> E fundir os velhos reinos
> Em um novo molde,[1]

o trabalho mais humilde da educação popular seguia uma linha de desenvolvimento quase independente. Como Voltaire escreveu: "Nós nunca pretendemos esclarecer sapateiros ou criadas, esta é a porção dos apóstolos". E, de fato, até meados do século XIX, a educação das pessoas comuns era deixada a cargo da Igreja ou de iniciativas religiosas privadas, uma vez que os abrangentes programas de educação universal lançados pela Revolução Francesa permaneceram quase que inteiramente sem efeito prático. A Igreja Católica e a Protestante mantiveram sempre o princípio das escolas paroquiais, mas elas raramente iam além das instruções catequéticas elementares. Em fins do século XVII e no começo do XVIII, contudo, católicos e protestantes se tornaram cada vez mais conscientes de suas responsabilidades educacionais. Na França, São João Batista de La Salle fundou o Instituto dos Irmãos das Escolas Cristãs e, na Alemanha, pietistas e moravianos direcionaram as energias da revitalização religiosa protestante para a fundação de orfanatos e desenvolvimento da educação primária.

---

[1] Versos extraídos de "An Horatian Ode upon Cromwell's Return from Ireland", poema de Andrew Marvell (1621-1678), poeta, satirista e político inglês. (N. T.)

Mas todas essas atividades pertenciam a um mundo totalmente diverso daquele do Iluminismo. Na verdade, jamais existiu uma época em que o mundo religioso e o mundo secular estivessem tão completamente divorciados um do outro quanto o século XVIII. Vemos isso com maior nitidez na França, no contraste entre os ideais educacionais dos fundadores das novas ordens, como São João Batista de La Salle e São Luís Grignon de Montfort, e os ideais dos enciclopedistas, e isso não é menos evidente na Inglaterra, onde William Law, os Wesley e os líderes da revitalização evangélica pareciam pertencer a outra raça e a uma cultura distinta da que Chesterfield, Gibbon e Horace Walpole representaram.

Também na Alemanha existia o mesmo contraste entre os mundos do *Aufklärung*[2] e do pietismo. Mas aí o contraste não era tão visível, e o fosso entre eles não era grande demais para ser colmatado. Isso se devia indiretamente à falta de centralização e unidade política próprias da coesão política. Cada um dos incontáveis "estadozinhos" da Alemanha do século XVIII tinha sua própria organização educacional e eclesiástica; muitos possuíam sua própria universidade. Essas sociedades em miniatura eram tão pequenas que as minorias instruídas – oficiais, clérigos, mestres e professores – viviam em contato estreito e muitas vezes se sobrepunham umas às outras. Era um mundo limitado, ainda controlado pela autoridade patriarcal e protegido por restrições de guildas, cidades e territórios, e por uma rígida hierarquia medieval de classe que oferecia poucas aberturas aos mais hábeis e ambiciosos. Mas os efeitos dessa falta de unidade não eram tão desfavoráveis à cultura como se poderia supor. Como na Grécia Antiga e na Itália do Renascimento, a comunidade da cultura transcendia, e muito, os limites da sociedade política. Não havia falta de intercâmbio entre os Estados alemães e suas cidades e universidades. Qualquer homem capacitado poderia encontrar uma carreira em meia dúzia de Estados diferentes, e se sentir em casa em qualquer um deles. A Alemanha era, de fato, uma sociedade de Estados que compartilhavam cultura e vida intelectual.

No decorrer do século XVIII, esse mundo quase medieval do Sacro Império Romano sofreu um movimento de mudança que dificilmente foi menos

---

[2] Em alemão no original: "Esclarecimento", "Ilustração", "Iluminismo". (N. T.)

importante do que os que transformaram a França e a Inglaterra. Mas, na Alemanha, essa revolução não foi essencialmente econômica ou política como a oeste, mas cultural e educacional. Seus efeitos apareceram no mundo da filosofia e da história, da música e da poesia, e suas palavras de ordem não foram Liberdade e Igualdade, mas *Kultur* e *Bildung*.[3] Como na França, foi uma revolução estimulada pelo Iluminismo, mas, na Alemanha, o Iluminismo era apenas o ponto de partida de uma viagem de descobertas que abriu um novo mundo de pensamento e imaginação para a mente ocidental. O abismo espiritual que separa Voltaire de Goethe, ou Condorcet de Herder, é tão profundo que chega a ser difícil reconhecer que eles eram contemporâneos. A diferença é acentuada pelo fato de que os governantes temporais da Alemanha na época, como Frederico, o Grande, e José II, pertenciam ao mundo cosmopolita da cultura francesa e não nutriam simpatia ou compreensão pelas mudanças que ocorriam na sociedade alemã.

Os líderes intelectuais da Alemanha, por outro lado, eram homens de origem humilde – bem mais do que na França e na Inglaterra. Winckelmann era filho de artesão; Kant, de seleiro; Herder, de funcionário paroquial; Gauss, o matemático, de jardineiro – todos vieram do povo e, embora fossem altamente instruídos, não podiam dar por certo que receberiam educação, o que não era o caso do burguês francês e do cavalheiro inglês. Para eles, a educação era um problema social e também intelectual, e, mais do que na política, procuravam nela a fonte do poder que transformaria o mundo.

Lessing, Kant, Herder, Jean Paul Richter, Fichte e, por fim, Goethe refletiram bastante e com seriedade sobre a educação. Herder começou sua carreira na década de 1760 com um plano ambicioso de reforma social das províncias bálticas da Letônia por meio de um novo sistema de ensino popular, e, em 1809, Fichte baseou seu programa revolucionário de nacionalismo alemão no princípio da educação nacional universal e compulsória. Não há dúvida de que a preocupação com a educação era característica do Iluminismo como movimento europeu, mas os alemães foram os primeiros a reconhecer a importância, ou mesmo a existência, da cultura popular e da tradição vernácula como fonte

---

[3] Em alemão no original: "cultura" e "educação". (N. T.)

independente de atividade criativa, tão merecedora da atenção dos educadores quanto os estudos humanistas dos antigos clássicos ou a nova cultura científica dos filósofos franceses.

A descoberta feita por Herder das canções folclóricas e da poesia primitiva como a expressão espontânea do gênio específico de um povo em particular levou-o, de um lado, a uma nova apreciação da linguagem e a uma nova abordagem da filosofia, e de outro à concepção de nacionalidade como fonte suprema de realização cultural.

A descoberta do valor da literatura popular e da importância do elemento irracional na cultura levou o pensamento alemão a divergir mais e mais do espírito racionalista do Iluminismo francês. Ele encontrou um aliado natural em Rousseau, cujas ideias tiveram influência profunda na mente alemã. Mas foi o Rousseau educador e romântico, autor de *Emílio* e *A Nova Héloïse*, não o Rousseau teórico político, autor do *Contrato Social*, que teve tanta importância para a Alemanha. Por meio de Herder e Goethe, ele inspirou o movimento romântico alemão; por intermédio de Kant, Fichte e Schleiermacher, ele se tornou uma das influências formadoras do idealismo filosófico e teológico alemão; e, por fim, graças a Pestalozzi e Froebel, seus ideais educacionais tiveram aplicação prática pela primeira vez.

Pestalozzi era suíço como Rousseau, mas tinha mais afinidades com o pietismo alemão do que com o racionalismo francês, e havia muito em seu trabalho que correspondia à velha tradição cristã de educação. É verdade que suas ideias eram muito novas e revolucionárias para ser aceitas nas escolas, mas elas tiveram efeito extraordinariamente amplo e estimulante no pensamento educacional alemão e encontraram eco na literatura popular da época – em escritores como Jean Paul Richter, Johann Heinrich Zschokke e J. P. Hebel. O fato de que Jean Paul, autor do romance educacional *Levana*, era, ao mesmo tempo, discípulo de Rousseau, admirador de Pestalozzi e o escritor favorito de Metternich mostra como a influência de Rousseau, o educador, transcendeu as divisões políticas e foi assimilada pela cultura alemã.

Contudo, isso não se deu sem influência política: a ascensão do nacionalismo alemão nos anos de dominação napoleônica foi um movimento tanto educacional quanto político. Em seus famosos *Discursos à Nação Alemã*, Fichte defendeu a reforma da educação como a base indispensável de uma renovação nacional e apontou Pestalozzi como o gênio que comprovou a aplicabilidade dos novos ideais educacionais.

Na visão de Fichte, a educação nacional deve ser universal: deve ser destinada, sobretudo, à instrução das pessoas comuns, o que, no passado, fora negligenciado ou deixado a cargo das igrejas. E, em segundo lugar, não deve ser utilitária, de ensino de conhecimentos úteis, mas uma instrução moral do homem como um todo, alma e coração, bem como a inteligência, para a vida social e para a cidadania.

Portanto, no movimento nacionalista alemão, a educação veio antes da democracia, e os direitos políticos eram concebidos como resultado da liberdade da mente, a qual devia ser alcançada pela instrução.

Na verdade, nenhuma dessas coisas foi alcançada, pois o sucesso do levante nacional contra Napoleão resultou na restauração da velha ordem e dos antigos principados territoriais. Mas o ideal nacionalista sobreviveu e, com ele, a ideia de novos valores educacionais, cuja difusão foi muito mais ampla do que a dos ideais políticos. Pois, embora a Prússia tivesse permanecido como o quartel-general da reação política, ela foi relativamente progressista na política educacional graças às reformas inauguradas por Wilhelm von Humboldt durante os anos de ressurgimento nacional. O próprio Humboldt foi um dos fundadores do liberalismo do século XIX e não simpatizava com a idolatria de Fichte pelo Estado nacional, idolatria que fez dele um dos ancestrais do nacional-socialismo. Ainda que compartilhasse da crença de Fichte na missão social da educação, Humboldt concebia essa missão em sentido mais universal. Todo aprendizado é único, e ele existe não para servir aos fins do Estado ou para preparar estudantes em seus estudos vocacionais, mas para seus próprios fins, para a busca desinteressada do conhecimento e desenvolvimento da cultura.

Assim, a Universidade de Berlim, que seria o coroamento de sua reforma educacional, foi fundada em 1810 não só como um centro de ensino superior da nação mas também como um centro de estudos e pesquisas científicas que daria oportunidade para o livre cultivo do saber como um fim em si mesmo.

Esse foi um dos momentos decisivos na história da educação europeia, pois, embora o mandato de Humboldt como ministro prussiano de cultura e educação fosse curto, sua influência e a dos homens associados a ele na fundação da Universidade – como Fichte, Schleiermacher, Niebuhr, Savigny e F. A. Wolf – fizeram da nova instituição um modelo das modernas universidades da Alemanha, da Europa Central e da Europa Oriental. E a influência da reforma educacional prussiana dificilmente foi menos importante em relação às escolas secundárias, reorganizadas pelo *Gymnasialordnung* de 1812, e primárias, que, pela primeira vez, foram plenamente integradas a um sistema completo de educação pública.

À primeira vista, talvez pareça surpreendente que esse progresso na educação nacional tenha se originado na Prússia, o típico exemplo de absolutismo burocrático do século XVIII, e não na França, líder do Iluminismo, ou na Inglaterra, líder do movimento de progresso tecnológico e industrial. Mas a catástrofe que se abateu sobre a Prússia e sobre o norte da Alemanha criou um vácuo político que permitiu às forças criativas da cultura alemã, libertadas pelo renascimento literário e filosófico do fim do século XVIII, alcançar uma liderança nacional temporária. Embora essa liderança tenha perdurado apenas por meia dúzia de anos, ela foi suficiente para mudar o curso da história, e sua maior conquista positiva foi a reforma da educação nacional concebida por Fichte, instituída por Wilhelm von Humboldt e levada a cabo por Suvern.

No entanto, o trabalho de reforma educacional foi, desde o princípio, inspirado por duas teorias ou ideologias diferentes, temporariamente reunidas pelo estresse da crise nacional, mas que implicavam uma contradição fundamental. De um lado, havia o humanismo liberal de Humboldt, inspirado no idealismo clássico do período de Weimar, humanismo este que transcendia as limitações políticas; de outro, havia o nacionalismo romântico de Fichte, que considerava a educação como uma preparação moral para a cidadania e estava pronto para aceitar as reivindicações do Estado tão logo este acatasse sua missão nacional.

Assim, embora o movimento alemão tivesse começado como uma revolta liberal contra o sistema napoleônico, contra sua burocracia, centralização e uso da educação e da ciência pelo Estado como instrumentos, ele atingiu, no fim das contas, os mesmos objetivos por um caminho diferente. O estado-nação do século XIX foi rápido em aprender a lição de Fichte de que a educação, sobretudo a educação popular e universal, era a arma mais forte de seu arsenal. Por toda a Europa, o progresso do liberalismo e do nacionalismo foi acompanhado do declínio da liberdade da escola e da universidade e da afirmação do monopólio estatal da educação. Enquanto o Estado foi monárquico e absolutista, como no período de 1815 a 1848, as universidades mantiveram a independência e ocasionalmente resistiram às tentativas de repressão das ideias liberais. Mas, quando o Estado passou a se identificar com a causa do nacionalismo, a situação mudou e em nenhum outro lugar ele encontrou apoiadores mais incondicionais do que entre os professores.

Esse foi, sobretudo, o caso da Alemanha pós-1866. Treitschke, que começara a carreira como liberal, tornou-se o apoiador entusiasmado do Estado bismarckiano e um crítico amargo e intolerante de todos os que se opusessem a ele, fossem católicos ou socialistas, poloneses ou judeus, conservadores saxões, hannoverianos ou liberais ingleses.

Foi um caso extremo, e é possível que o chauvinismo erudito dos professores tenha sido um fenômeno peculiarmente alemão ou prussiano. Mas, em toda a Europa continental do século XIX, a reforma das universidades e a introdução de um sistema compulsório de educação envolveram a subordinação da educação aos ministérios do ensino público. Em toda parte, o controle da educação passou da Igreja para o Estado, e, em vários países, os direitos das ordens de ensino de conduzir suas próprias escolas e universidades foram limitados ou negados. Houve, contudo, duas notáveis exceções.

Na Inglaterra e nos Estados Unidos, ainda sobrevivia a relação tradicional da igreja e escola com o sistema medieval de independência institucional a despeito dos ataques dos reformistas educacionais e políticos. Os abusos do velho sistema e a negligência da educação primária certamente não eram menos flagrantes na Inglaterra do que no resto do continente. Mas a força do princípio voluntário e a ausência de Estado totalitário centralizador fizeram que o movimento reformista inglês seguisse um curso independente e criasse suas próprias organizações e instituições. Os líderes do pensamento e da ação ingleses nos anos decisivos dos séculos XVIII e XIX, os homens que criaram a nova ordem industrial e científica, como os Arkwright e George Stevenson, Dalton e Faraday, Huskisson e Cobden, Ricardo e os dois Mill, eram autodidatas, assim como os fundadores da educação popular inglesa – Robert Raikes e Joseph Lancaster, J. P. Kay-Shuttleworth e até mesmo o próprio W. E. Forster, responsável pelo primeiro Ato de Educação.

Enquanto isso, universidades e escolas públicas mantiveram seus privilégios e padrões arcaicos e foram reformuladas pouco a pouco, mais pela pressão da opinião pública do que por qualquer ação governamental direta. De fato, no caso de Oxford, não foi uma reforma governamental, mas a resistência a isso que produziu um dos movimentos intelectuais mais influentes da época. O Movimento de Oxford foi, é claro, primariamente religioso; no entanto, teve amplos efeitos na educação, tanto na universidade quanto nas escolas. E tampouco podemos ignorar sua influência na teoria da educação, pois Newman, o líder do Movimento de Oxford, também se tornaria o maior autor católico inglês em teoria educacional.

A situação mudou depois de 1870 com a promulgação do primeiro Ato de Educação e a introdução da educação universal compulsória. A partir daí, o avanço do controle estatal foi lento, mas contínuo, e o sistema inglês se tornou mais e mais próximo do padrão continental. O maior representante dessa tendência foi Matthew Arnold, que passou toda a vida profissional, de 1865 até 1886, a serviço do Departamento de Educação como um dos inspetores de escola de Sua Majestade. Como poeta e humanista, ele não nutria simpatia pelo espírito que dominava a educação pública inglesa e devotou suas grandes habilidades literárias para defender a primazia dos valores espirituais contra, de um lado, o rude utilitarismo da escola Gradgrind e, de outro, o sectarismo estreito das ordens religiosas. Era uma tarefa ingrata pregar "doçura e luz" para os diretores do conselho escolar vitoriano. No entanto, foi em grande parte pelos seus esforços que os ideais do humanismo cristão foram conservados, ou ao menos respeitados, em detrimento do nacionalismo político, pelo novo sistema de educação pública, o qual, no decorrer do século seguinte, se espalhou gradativamente até absorver o campo educacional por completo, da universidade ao jardim de infância.

6
O desenvolvimento da tradição educacional americana

A tradição educacional americana derivou-se originalmente da Grã-Bretanha e tinha pouco em comum com os sistemas centralizados e controlados pelo Estado, típicos da Europa continental a partir do século XVIII. Por quase duzentos anos, ela se desenvolveu livremente e em seus próprios termos, criando uma nova tradição que difere em vários aspectos tanto do padrão inglês quanto do europeu continental e tornando-se uma influência enorme e crescente no mundo moderno. Para entender esse desenvolvimento, é necessário estudar a própria cultura dos Estados Unidos, onde a educação reflete o modo de vida americano, o qual é resultado de vários elementos diferentes reunidos em um novo ambiente e unificados a cada etapa por certas influências ideológicas e institucionais.

Podemos distinguir quatro períodos sucessivos na história da cultura americana, dos quais cada um representa a fusão de diversos elementos populacionais e culturais provenientes do Velho Mundo na nova sociedade. Cada um desses períodos, por sua vez, exerceu influência formativa nos sucessores, e o processo como um todo é o exemplo mais elaborado e complexo de transmissão e formação cultural que se conhece e está disponível para estudo. Os quatro períodos são:

1. O período colonial, do começo do século XVII até a Revolução Americana, c. 1607-1774.
2. O período da Revolução até a Guerra Civil, 1774-1861.

3. O período da Guerra Civil até o fim da imigração irrestrita, 1861-1921.
4. O período contemporâneo.

O desenvolvimento da América durante os últimos três desses períodos foi mais rápido, e as mudanças foram mais abrangentes do que em qualquer outra sociedade conhecida. Não são apenas quatro períodos, mas quatro Américas e quatro povos americanos, dadas as mudanças geográficas e demográficas no território e na composição da população.

No primeiro período, é verdade, a expansão territorial foi lenta e limitada às áreas costeiras banhadas pelo Atlântico. Mesmo nessas áreas, contudo, houve alguns centros acentuadamente diferenciados de desenvolvimento cultural. Ainda não existia uma cultura americana, mas várias culturas coloniais e provinciais com diferentes tradições religiosas, que tendiam a se agrupar ao redor de um centro nortenho, na Nova Inglaterra, e outro sulista, na Virgínia, ao passo que as colônias centrais, da Pensilvânia até Nova York, só se desenvolveram um pouco depois, em contexto mais diversificado.

No decorrer do período colonial, a tradição educacional era predominantemente inglesa e se diferenciava sobretudo por suas afiliações religiosas e eclesiásticas. Na Nova Inglaterra puritana, o interesse público pela educação foi sempre excepcionalmente forte, e a escola foi desde o começo um dos órgãos comunitários essenciais da cidade ou do vilarejo. Também as instituições de ensino superior, como as universidades Harvard e Yale, eram antigas e prósperas, embora fossem, ainda mais do que as universidades inglesas, entidades essencialmente clericais. Mesmo em 1752, o presidente de Yale definia sua função em termos inteiramente tradicionais e até mesmo medievais. "Universidades", ele escreveu, "são *Sociedades Religiosas* de uma Natureza Superior em relação às outras. Pois, enquanto as *Paróquias* são sociedades para instruir as *Pessoas Comuns*, Universidades são *Sociedades de Pastores*, destinadas à formação de Pessoas para o Trabalho do Sacerdócio."[1]

---

[1] Thomas Clap, *The Religious Constitution of Colleges, especially of Yale College in New Haven*, 1754. Citado por R. Freeman Butts e Lawrence A. Cremin, *History of Education in American Culture*. New York, Holt, 1953.

No sul, nas colônias predominantemente anglicanas, a educação era bem menos desenvolvida, em parte em virtude dos padrões de assentamento e vida econômica, mas também da negligência da Igreja Anglicana quanto às suas responsabilidades coloniais. Foi só no século XVIII, com a Sociedade de Propagação do Evangelho (SPE)[2], que os anglicanos começaram a levar suas responsabilidades a sério, sobretudo nas colônias centrais e do norte, embora a fundação do Kings College em Nova York, o mais importante centro anglicano de ensino superior, tivesse sido tardia demais (1754) para ter influência significativa na cultura americana. Pois a época da Revolução teve efeito desastroso para a Igreja Anglicana na América, e isso por causa de sua associação com o governo do rei e das simpatias lealistas da maioria de seus clérigos.

A ideologia dos Pais Fundadores era iluminista, e suas ideias educacionais, sobretudo as representadas por Franklin e Jefferson, eram fortemente influenciadas pelas teorias contemporâneas da filosofia francesa. É fato que os planos iluministas e abrangentes de Jefferson para o sistema nacional de educação não produziram resultados imediatos por causa do extremo individualismo da nascente sociedade americana, da fragilidade do governo federal e dos governos estaduais e das profundas mudanças sociais decorrentes da rápida expansão do povoamento do oeste. Mas os efeitos gerais da Revolução e da nova ideologia democrática produziram interesse generalizado e procura por educação popular, os quais dariam frutos no século XIX.

O período que vai da Revolução à Guerra Civil foi a grande era criativa da cultura americana. Esse período testemunhou a fusão das culturas coloniais em uma nova unidade nacional, mas, ao mesmo tempo, a enorme expansão territorial transformou o caráter geográfico do país, e o vasto movimento de colonização interna transformou a estrutura sociológica da população. O elemento dinâmico desse movimento não foi a nova imigração europeia, que

---

[2] The Society of the Propagation of the Gospel (SPG) foi uma organização missionária atuante nas colônias atlânticas da Grã-Bretanha nos séculos XVIII e XIX. Fundada em 1701 pelo reverendo Thomas Bray e por um pequeno grupo de clérigos, enviava pastores e literatura religiosa para as colônias britânicas e apoiava professores, estabelecimento de novas igrejas e ampla participação da Igreja Anglicana no Império Britânico. (N. T.)

atingiu proporções maciças só em meados do século XIX, mas os imigrantes do fim do período colonial, sobretudo os presbiterianos irlandeses – os chamados "escoto-irlandeses" –, que produziram personalidades tão características como Jackson e Calhoun. É difícil exagerar a importância desse elemento, pois ele não se limitou a apenas um território, como a imigração puritana para a Nova Inglaterra, mas foi comum ao norte e ao sul, e especialmente importante em New Hampshire e no oeste de Nova York, na Pensilvânia, na Virgínia Ocidental, na Carolina do Norte e na Geórgia.

Em alguns aspectos, essa imigração pode ser comparada à imigração puritana precedente, pois deveu-se, em parte, também a motivos religiosos, e o espírito do presbiterianismo irlandês não era menos intransigente e militante que o do puritanismo inglês. Na verdade, a grande imigração de meados do século XVIII deve ser considerada o terceiro elemento (depois do povoamento da Virgínia e da imigração puritana na Nova Inglaterra) formativo do povo americano. Aliás, muitas das características da cultura americana, sobretudo no segundo período, comumente atribuídas à influência da tradição puritana da Nova Inglaterra, resultam, na verdade, da tradição presbiteriana dessa imigração irlandesa posterior (sobretudo, mas não exclusivamente, de Ulster). Acima de tudo, foi em virtude da predominância desse elemento nas áreas recém-povoadas que o anglicanismo da sociedade virginiana original não conseguiu estabelecer no interior e passou a definhar até mesmo na própria Virgínia.

Todos esses elementos se misturaram nas novas terras entre os montes Allegheny e o Mississippi e formaram um novo povo. O processo teve início no começo do século XVIII e atingiu o clímax na década de 1830, quando a nova América atingiu a maioridade na presidência de Andrew Jackson. Não foi um processo de assentamento de grupos como no antigo período colonial, mas uma mudança rápida, contínua e caleidoscópica, como vemos no caso da família de Abraham Lincoln, que se mudou, em quatro ou cinco gerações, da Nova Inglaterra para a Pensilvânia, da Pensilvânia para a Virgínia, da Virgínia para o Kentucky, de volta para a Virgínia e então para Indiana e Illinois.

A história de todo o período é condicionada por esta incansável ânsia de expansão territorial que foi, em grande parte, responsável pela Guerra de 1812, pela guerra contra o México e pelas incontáveis guerras contra os indígenas. Foi, por certo, um período beligerante, começando e terminando com duas grandes guerras que se prolongaram por anos e mudaram todo o curso da história e da vida social da América do Norte. Foi, também, um período de grandes mudanças e experimentos políticos, de criação constitucional e de elaboração da tradição americana de jurisprudência. De fato, foram os advogados e os filósofos do direito os elementos principais da cultura americana no período, em tal medida que dificilmente encontraremos paralelos em outro lugar. Os maiores personagens políticos da época, depois de Washington, eram todos advogados, como Webster, Henry Clay e Calhoun. Até o próprio Jackson era advogado, além de soldado e político.

Essa característica é comum no norte, sul e oeste, mas foi na Virgínia que a tradição da cultura legal foi mais forte, e o Estado manteve sua liderança política no começo desse período. Dos doze primeiros presidentes dos Estados Unidos até 1850, seis vieram da Virgínia e dois do Tennessee; dois da Nova Inglaterra e um de Nova York.[3] Portanto, a influência do sul foi bem mais forte na primeira metade do século XIX do que em qualquer outro período posterior, e este foi o caso também do oeste, onde os povoamentos do Kentucky e de Tennessee precederam os do noroeste.

É fato que a Nova Inglaterra sempre esteve à frente do Sul em termos de educação e cultura literária. Mas isso significa que a Nova Inglaterra estava em contato mais próximo com a Europa e era mais dependente dos padrões culturais do Velho Mundo. Nas novas terras além dos Montes Allegheny, contudo, a Europa era algo muito, muito distante. Os homens foram para o oeste do Mississippi e para além dos espaços virgens e sem fronteiras de um continente vazio. Para nós é difícil imaginar como era a vida em Knoxville ou Lexington em fins do século XVIII, levando em conta a população escassa e a vasta distância que separava estas cidades dos velhos centros habitados. No entanto, eram capitais onde a Constituição de cada um dos primeiros Estados do oeste

---

[3] Incluindo W. H. Harrison como um virginiano por razões familiares, embora ele tenha se estabelecido em Ohio; podemos acrescentar Taylor, pois era virginiano de nascimento.

foi estabelecida, e foi desse mundo remoto e em muitos aspectos primitivo que emergiram as principais personalidades da época – homens como Jackson, Polk, Henry Clay e Lincoln.

A tradição religiosa e cultural americana sofreu grandes mudanças no novo ambiente. As igrejas mais antigas, como o congregacionalismo da Nova Inglaterra e o anglicanismo da Virgínia, não conseguiram se estabelecer. A última foi quase arruinada pela Revolução, e seu lugar foi tomado por novas seitas, como as igrejas batistas separatistas que se estabeleceram na Carolina do Norte e na Geórgia pouco antes da Revolução e se espalharam com enorme rapidez pelo sul. Na mesma época, o movimento metodista chegou à América e logo se difundiu pelo Oeste, e havia novas formas de presbiterianismo, como a Igreja Presbiteriana de Cumberland e a dos Discípulos de Cristo.

O novo tipo de protestantismo americano foi, com frequência, acompanhado de formas extremas de agitação das massas e revivalismo, como os que marcaram o grande despertar religioso que varreu Kentucky e o oeste no começo do século XIX. Ao mesmo tempo, eram as denominações religiosas, em detrimento do Estado, os principais órgãos culturais e educacionais na região, e as novas escolas que brotaram como cogumelos nos territórios do Oeste foram, em geral, fundadas por alguma igreja ou pelas associações religiosas, como a Sociedade de Promoção do Colegiado e da Educação Teológica no oeste, que se inspiravam precisamente nos mesmos princípios formulados pelo presidente de Yale um século antes.[4]

Enquanto isso, no leste, sobretudo na Nova Inglaterra, os governos estaduais se tornaram cada vez mais conscientes de suas responsabilidades educacionais e, de forma gradual, desenvolveram um eficiente sistema universal de educação pública. O grande organizador e propagandista do movimento em Massachusetts, Horace Mann (1796-1859), foi profundamente influenciado por suas visitas à Europa, acima de tudo pelo que viu do sistema nacional

---

[4] Lê-se no Relatório de 1840 dessa sociedade: "O *Ministério* é o instrumento de Deus para a conversão do Mundo. Universidades e Seminários são os meios de Deus para instruir um sábio e eficiente *Sacerdócio*". Citado em Butts e Cremin, op. cit., p. 200.

prussiano de educação e formação de professores e pelo ideal dos reformadores educacionais alemães. As mesmas tendências eram representadas por Henry Barnard em Connecticut e, na década de 1840, foram reforçadas pela admiração dos transcendentalistas da Nova Inglaterra pelas ideias filosóficas alemãs. Na segunda metade do século XIX, a influência dos reformadores educacionais suíços e alemães – Pestalozzi, Froebel e Herbart – se tornou cada vez mais forte na América, e, ao mesmo tempo, a educação superior nas principais universidades começou a seguir o padrão alemão de especialização e pesquisa, com ênfase crescente nos estudos de pós-graduação.

Assim, a educação americana, que originalmente se baseava no vínculo estreito entre igreja e escola e em mínimo controle estatal, seguindo a velha tradição inglesa, foi reorganizada, em fins do século XIX e no começo do século XX, em linhas europeias e, acima de tudo, germânicas. Os homens que fundaram ou refundaram a moderna educação americana, como Horace Mann, eram hostis ao princípio denominacional e a favor do controle estatal e da subvenção pública.

Não havia propaganda anticlerical contra o ensino religioso nem limitação alguma à liberdade das escolas e universidades independentes, como no continente europeu, mas sim a firme tendência à extensão do controle público e à secularização do ensino, de tal modo que a escola primária e a escola secundária comuns, que educavam a vasta maioria do povo americano, passaram a basear seu ensino nos valores morais democráticos e nos ideais patrióticos, em detrimento de quaisquer doutrinas religiosas ou éticas.

Esse desenrolar foi uma consequência natural das mudanças sociais e intelectuais que se seguiram à Guerra Civil. A nova América que emergiu do conflito era infinitamente mais rica, poderosa e bem-sucedida do que a América do começo do século XIX. As conquistas materiais do período entre a Guerra Civil e a Primeira Guerra Mundial superaram as previsões iniciais mais otimistas. Esse período viu a população passar de 31 milhões para mais de 100 milhões e a riqueza aumentar ainda mais rapidamente. Viu toda a área continental entre o Atlântico e o Pacífico povoada, organizada em Estados e unida em uma avançada economia industrial. Foi a era de ouro do capitalismo americano e a era de aço do industrialismo americano: a época dos grandes empreendimentos de construção, dos grandes trustes e dos grandes monopólios.

Ao mesmo tempo, ocorreram profundas mudanças no caráter e na composição do povo. Na Guerra Civil, os americanos ainda eram um povo rural. No fim desse período, os Estados Unidos tinham a maior população urbana do mundo, e o fato de as cidades americanas serem tão novas as tornaram mais uniformes, de tal modo que, para o forasteiro, parecia haver uma grande cidade americana que se reproduzia infinitamente. E, enquanto a velha cidade americana era extremamente provinciana e ligada à terra, a nova era muitíssimo cosmopolita, pois sua população vinha de todas as partes da Europa e da América. Pois houve a grande era de imigração estrangeira e, entre a Guerra Civil e a Primeira Guerra Mundial, praticamente todos os povos da Europa enviaram um fluxo contínuo de novos cidadãos para povoar as novas cidades e, em grau menor, as recém-abertas terras agrícolas do Meio-Oeste e da região noroeste.

Esse fluxo de imigração estrangeira já havia começado em meados do século XIX, quando ocorreu a grande imigração irlandesa, mas atingiu seu ápice só no começo do século XX, com o enorme fluxo, pelo Atlântico, de italianos, poloneses, russos, checos, eslovacos e húngaros. Por essa época, os primeiros imigrantes, sobretudo os irlandeses, já estavam americanizados e mantiveram, no terceiro período, posição de certo modo similar à dos irlandeses protestantes no segundo. Mas esses dois elementos iniciais eram, afinal, similares, ainda que divididos por antagonismos religiosos e políticos. É verdade que a população católico-irlandesa teve pouca influência na vida intelectual do povo americano. Mesmo que tivessem mais a oferecer, sua separação religiosa da maioria teria evitado que se comunicassem. Mas eles tiveram grande importância para a vida social, pois sua chegada coincidiu com o advento das novas cidades e da vida urbana americana; e, como se tratava de uma população predominantemente citadina, eles estavam, como se diz, entre os primeiros a chegar.

Em todo caso, a importância dessa época não foi intelectual. Houve poucos grandes escritores, a maioria sobrevivente do período anterior, como Emerson e Oliver Wendell Holmes, ou expatriados, como Henry James. Por outro lado, foi uma grande época para a educação, e tanto as escolas comuns quanto as universidade adquiriram, àquela altura, novas formas e abrangência. Penso que foi nesse período que a escola e a universidade tomaram o lugar da igreja como o centro cultural da vida americana. O materialismo da época era desfavorável ao tipo de idealismo religioso que havia criado as novas formas americanas de sectarismo protestante, e a mudança ocorrida com os mórmons – do fanatismo milenarista à prática organização empresarial – foi típica do momento. Mas o materialismo econômico não impediu o crescimento da educação. De fato, uma das principais válvulas de escape dos novos-ricos eram as doações aos colégios e universidades. Posteriormente, o desenvolvimento da educação e das instituições educacionais teve poderosa influência na unificação da cultura americana em uma época em que a expansão territorial e a imigração estrangeira poderiam levar à desintegração.

Ao mesmo tempo, a nova fé na ciência, que tomou o lugar da ortodoxia teológica, apenas fortaleceu a crença americana nas possibilidades da educação democrática. Se a ciência é destinada a governar e transformar o mundo, a educação é o meio pelo qual a ciência é socializada e tornada universal. Isso foi visto com muita clareza por Lester Ward (1841-1913), o sociólogo que se distingue da maioria de seus contemporâneos por ter passado a vida não na iniciativa privada ou no ensino, mas a serviço do governo federal, como geólogo e estatístico. Por conseguinte, ele assumiu atitude muito mais favorável à socialização e ao controle governamental do que era comum na época. De seu ponto de vista, a grande questão, da qual todo o resto dependia, era o uso do potencial intelectual da sociedade por um sistema científico de educação universal. "A grande demanda do mundo é por conhecimento. A grande questão é a equalização da inteligência, é colocar todo o conhecimento à disposição de todo ser humano. A inteligência, até agora em crescimento, está destinada a se tornar uma manufatura. [...] A origem e a distribuição do conhecimento não podem mais ser deixadas ao acaso e à natureza."[5] E, da mesma forma, o governo democrático não pode mais ser deixado a cargo de políticos amadores, mas

---

[5] Citado em Henry S. Commager, *The American Mind*. New Haven, Yale University Press, 1950, p. 213-14.

deve se tornar uma atividade científica. Cada legislatura deve ser um laboratório de pesquisa sociológica, e cada legislador deve ser um sociólogo.

As teorias de educação e governo de Ward parecem apontar na direção de uma tecnologia totalitária, que é muito estranha à tradição americana. No entanto, as mesmas tendências para socialização e secularismo são encontradas nos ensinamentos de John Dewey, talvez o mais influente de todos os modernos pedagogos americanos. Em sua visão, o propósito da educação não é a transmissão do conhecimento, mas o compartilhamento de uma experiência social, de tal forma que a criança seja integrada à comunidade democrática. Ele acreditava que a moralidade era essencialmente social e pragmática, e que se deveria resistir a qualquer tentativa de subordinar a educação a valores transcendentes ou dogmas. Lester Ward via a educação como a grande panaceia social nas mãos de uma autoridade científica, mas, para Dewey, ela estava mais para uma religião humanitária, o ministério pastoral da comunidade democrática.

Ao mesmo tempo, Dewey representa apenas um dos lados dessa tradição. Ele defende a socialização da educação a tal ponto que há o perigo real de a escola se tornar um instrumento de conformação social e um meio para o estabelecimento da mentalidade massificada ou, como ele diz, "a inteligência agrupada" da mente democrática.

Mas esse ideal educacional contradiz o elemento do individualismo espiritual que é, em igual medida, parte da tradição educacional de Rousseau. Assim, Dewey representa o polo oposto do pensamento americano de Thoreau, outro discípulo de Rousseau e também profundamente preocupado com o problema da educação democrática, mas era avesso a qualquer sugestão de controle estatal e concebia a educação à maneira tradicional, como a iniciação da mente na tradição da alta cultura, assim representada pelas literaturas clássicas do passado, e não como a iniciação da criança na tecnologia e na política da sociedade contemporânea.[6]

---

[6] "Somos rudes, baixos e analfabetos; e, a este respeito, não faço nenhuma grande distinção entre o analfabetismo do meu concidadão que não consegue ler e o analfabetismo daquele que aprendeu a ler, mas só lê o que é bom para crianças e intelectos débeis. Deveríamos ser tão bons quanto os mais valorosos da Antiguidade, em parte, e a princípio, sabendo quão bons eles eram. Somos uma raça de

Mas, por maior que seja o abismo que separa Ward e Dewey de Thoreau, eles concordavam em um ponto fundamental – que educação realmente democrática significa ensino superior para todos, e não só para uma classe privilegiada. E este princípio foi concretizado em maior grau nos Estados Unidos do que em qualquer outro lugar do mundo. O ideal grego da Boa Vida como um direito inato do cidadão foi ampliado da classe limitada dos cidadãos para a população inteira. Não há dúvida de que a versão americana desse ideal e sua prática educacional correspondente teriam sido criticadas por Aristóteles como filisteias,[7] mas ele pertencia à era pré-tecnológica, e as condições modernas tornaram inevitável que a educação superior fosse orientada para estudos tecnológicos e vocacionais, em detrimento da filosofia e da contemplação. No presente, qualquer sistema educacional democrático deve se conformar às necessidades econômicas e práticas da sociedade democrática em vez de aos velhos ideais escolásticos, e a forma americana de educação democrática é a mais universal e abrangente que o mundo já viu. Ela aceita a todos e ensina tudo, do chinês à quiropodia. Ela tem universidades às centenas, escolas secundárias aos milhares e estudantes aos milhões, e cresce sem parar em velocidade de tirar o fôlego.

Essa enorme expansão educacional só ocorreu, é claro, a partir da época atual, durante o quarto dos períodos em que dividi o desenvolvimento da cultura americana. Sem dúvida, há opiniões divergentes quanto ao momento em que essa nova época começou. Alguns diriam que ela se iniciou com a Primeira Guerra Mundial; outros, com a Grande Depressão econômica de 1929; mas eu creio que o verdadeiro momento decisivo se deu com o fim do período de imigração irrestrita, em 1921, pois isso marca uma mudança significativa na posição dos Estados Unidos no mundo, de porta aberta do Velho ao Novo Mundo para

---

bebezões, e não subimos muito mais alto em nossos voos intelectuais do que as colunas do jornal diário." *The Works of Henry D. Thoreau*. New York, Crowell, 1940, p. 141.

[7] No original, o termo usado por Dawson é "banausic", que se poderia traduzir como "banáusico". Etimologicamente, "banáusico" vem do grego "banausikós" e se refere a alguém desprovido de imaginação e refinamento, que lida apenas com tarefas mecânicas, utilitárias, e despreza atividades que exigem maior sofisticação intelectual. Em português, o termo "filisteu" ou "filistino" tem acepção similar e me pareceu mais próximo do nosso vocabulário corrente. (N. T.)

a maior e mais poderosa nação de todo o Ocidente. Agora, os Estados Unidos eram um Estado nacional relativamente centralizado, com um grau de uniformidade cultural maior que o de muitos Estados do Velho Mundo. Contudo, eram bem menos uniformes em termos populacionais do que no passado. Eles se tornaram uma das populações mais cosmopolitas do mundo, com enormes porções populacionais que no começo desse período não falavam inglês. Há uma contradição aparente entre esta diversidade racial e linguística e a uniformidade da cultura americana, e isso acentuou a tendência de a nacionalidade americana ser mais consciente e "cerebral" a respeito disso do que as nações do Velho Mundo. Pois o filho do imigrante italiano ou o judeu polonês em Nova York não era menos "americano" do que o fazendeiro no planalto da Virgínia; em certo sentido, ele era mais americano, mais representativo e mais integrado à nova cultura americana, ao passo que o outro era um sobrevivente de uma América que não existia mais.

Essa nova cultura nacional, cosmopolita e urbana, foi a grande realidade do quarto período. Em comparação com ela, todos os estratos mais antigos da sociedade americana adquiriram uma espécie de caráter mítico. E é característico do desenvolvimento dos Estados Unidos que até mesmo o passado mais recente seja envolto por uma aura de lenda romântica. Há o mito do sul, o mito da Nova Inglaterra, o mito do oeste – da carroça coberta e do caubói. E, no quarto período, todas essas lendas foram canonizadas e popularizadas pela grande fábrica de mitos nacionais que é Hollywood.

Foi nesse período que o elemento urbano da cultura americana atingiu seu pleno desenvolvimento, com o declínio correspondente da vida rural. A mudança nos hábitos sociais foi ainda maior do que na Europa durante da Revolução Industrial, pois a cidade americana era algo muito recente e teve de improvisar seus novos estilos de vida; contudo, ela era mais avançada, do ponto de vista mecânico, do que qualquer outra coisa encontrada na Europa, e mais fluida. Os efeitos na cultura e na sociedade americanas foram estudados recentemente por vários sociólogos, como David Riesman. Segundo ele, o tipo de "caráter social que dominou a América no século XIX foi gradualmente substituído por um caráter social de espécie bem diferente".

A grande questão do presente é se a nova estrutura da sociedade americana pode continuar a se desenvolver dessa forma, como um arranha-céu sociológico, sem ficar tão divorciada de seus fundamentos agrários, a ponto de estes se verem fisicamente exaustos e espiritualmente debilitados pela estrutura que têm de suportar. Pois se trata de uma economia absurdamente dispendiosa, que dispõe dos recursos humanos e naturais mais rapidamente do que qualquer coisa de que se tem notícia até agora. Porém, mesmo no passado, vimos como o desenvolvimento urbano relativamente simples do mundo mediterrâneo se mostrou oneroso demais para a economia camponesa daquelas terras para se manter indefinidamente.

A nova cultura americana buscou e, em grande parte, conquistou algo nunca antes considerado possível – o luxo para todos. Sem dúvida, ainda há regiões atrasadas e classes e setores desfavorecidos, sobretudo entre os negros. São exceções, contudo, enquanto, no passado, eram a regra. Mas o resultado disso é que a América, originalmente a terra da igualdade, se tornou uma sociedade privilegiada, uma espécie de aristocracia mundial. Com certeza, cem anos atrás, o fazendeiro americano e o homem da fronteira tinham padrão de vida muito mais elevado do que o camponês ou trabalhador braçal[8] chinês. Mas, então, não havia comparação – eram dois mundos separados –, ao passo que, hoje, todos na Ásia e até mesmo na África têm consciência de que o modo de vida americano é um padrão que não podem atingir e contra o qual nutrem certo ressentimento em consequência.

Atualmente, essas repercussões externas da cultura americana no Velho Mundo são, em geral, reconhecidas, e grandes esforços têm sido feitos para lidar com elas, mas isso inevitavelmente exerce uma pressão crescente, tanto moral quanto econômica, sobre o sistema americano. Esse fardo de responsabilidade mundial é um novo fator na vida americana, e é fonte de tensão interna, pois vai de encontro à velha tradição de autonomia e à autossuficiência e liberdade da

---

[8] No original, *coolie*. Expressão historicamente usada nos EUA para designar trabalhadores braçais egressos da Ásia, comum no século XIX e no começo do XX. Nos dias de hoje, *coolie* é termo considerado racista, usado pejorativamente para se referir a pessoas de ascendência asiática. (N. T.)

culpa histórica – o pecado original do Velho Mundo –, tradição que sempre foi o espírito dominante da cultura americana.

Há outras tendências no novo estado da cultura em conflito com a velha tradição americana. Por exemplo, o alto grau de especialização profissional, inevitável na ordem científica e tecnológica, contrasta com a tradição mais antiga, na qual os americanos eram capazes de trabalhar com qualquer coisa sem estar presos a uma profissão em particular, e o sistema burocrático centralizado do maciço Estado urbanizado parece ainda mais difícil de ser conciliado com a tradição americana de governo e com o padrão de individualismo democrático.

Mas há outros fatores para levar em conta que devem afetar o caráter da cultura americana no futuro. Em primeiro lugar, o período mais recente foi marcado por um enorme avanço na educação, incluindo ensino superior, de tal forma que, pela primeira vez na história, o ideal de ensino superior para todos os cidadãos é possível concretizar. Isso deve afetar o caráter da sociedade de massa, pois, no passado, ela era considerada uma sociedade de multidões iletradas. Uma sociedade de massa altamente educada é um novo experimento, e, mesmo que a qualidade geral da educação não seja alta, ela é capaz de se aperfeiçoar gradualmente e proporcionar novos padrões de valor intelectual e oportunidades para autocríticas, coisa que faltava nas modalidades anteriores da democracia americana.

Ademais, graças aos recursos econômicos do sistema, à generosidade dos gigantescos fundos capitalistas com propósitos educacionais, como a Fundação Rockefeller, e aos programas cooperativos de intercâmbio internacional de acadêmicos e estudantes, a educação americana está se tornando uma força planetária, destinada a influenciar os sistemas de educação pública que estão sendo criados nos novos Estados nacionais da Ásia e da África. Os únicos concorrentes efetivos do sistema americano são os Estados comunistas, que estão igualmente convencidos da importância da educação para todos e da necessidade de fazer da universidade um campo de treinamento para especialistas que serão capazes de dirigir o mecanismo complexo da moderna sociedade industrial e tecnológica. A diferença entre os dois sistemas consiste no fato de que a educação comunista é baseada em uma única e autoritária ideologia de Estado e permite pouco ou nenhum espaço para a liberdade acadêmica; já na América, o governo ainda não reivindica o monopólio acadêmico, e, em teoria, o princípio da liberdade acadêmica ainda é aceito, embora talvez seja limitado na prática pela pressão da opinião pública e pelo desejo de transformar a escola em órgão de integração nacional e democrática.

No passado, na América e na Inglaterra, a liberdade educacional se devia, em grande medida, à origem dupla do sistema; ao fato de que as igrejas detinham os próprios colégios sob seu controle, paralelamente às escolas e aos colégios gratuitos, seculares e públicos, mantidos e controlados pelo Estado. No decorrer dos últimos cinquenta anos, de fato, a importância dos primeiros diminuiu, de tal modo que, com uma exceção, o sistema educacional americano tende à uniformidade. Mas essa exceção é importante, pois os católicos dos Estados Unidos, que agora passam dos 40 milhões, têm suas próprias instituições educacionais independentes, que abarcam todo o currículo educacional, da escola primária à universidade.

7
A educação católica e a cultura na América

Vimos como o sistema educacional americano representa a culminação do longo desenvolvimento da educação ocidental, que agora se tornou universal em seu alcance e mundial em sua influência. Ele rivaliza com o sistema educacional da União Soviética na oferta de instrução científica e tecnológica aos integrantes das novas nacionalidades e das culturas mais atrasadas, da Indonésia à África Ocidental, e, assim, pode ser visto como um instrumento indispensável à criação de um mundo livre. Mas, em um aspecto importante, ele se afastou de suas origens ocidentais e se assemelha à sua rival comunista e totalitária. Como na Rússia, ele se tornou quase que completamente secularizado e deixa pouco espaço para os estudos religiosos que eram a *raison d'être*[1] original da universidade ocidental. A separação entre Igreja e Estado, a princípio uma medida puramente política, foi estendida para o campo educacional e resultou na exclusão da religião do domínio da educação pública.

No entanto, como mencionei no capítulo anterior, o princípio da liberdade educacional está profundamente enraizado na tradição americana, e isso permitiu às minorias religiosas manter suas próprias instituições educacionais, paralelamente às escolas públicas e universidades estatais. Via de regra, escolas e universidades protestantes independentes gradualmente se conformaram ao padrão secular da moderna educação americana. Mas, no caso dos católicos,

---
[1] Em francês no original: "razão de ser". (N. T.)

isso não acontece. Com o passar do tempo, eles criaram um sistema educacional independente, que vai da escola primária à universidade, abrangendo todo o país, com exceção do chamado "Cinturão da Bíblia", no sul profundo, onde a população inteira continua firmemente protestante.

A construção desse sistema educacional independente é uma parte essencial do crescimento do novo catolicismo americano, elemento tão característico da América moderna. O que torna esse desenvolvimento tão paradoxal é que ele, por assim dizer, é o subproduto da expansão social e política do protestantismo no Novo Mundo, de tal modo que a influência do catolicismo da América protestante chega a superar, em importância, o catolicismo da América católica. Desde o começo, quando Colombo desembarcou nas Bahamas, a Igreja Católica desempenhou papel importante na descoberta e povoamento da América, não só na América do Sul mas também na América do Norte – da Flórida à Califórnia e da nascente do Mississípi aos Grandes Lagos.

Mas todos esses séculos de esforços e êxitos missionários não criaram a igreja americana que conhecemos. Os conquistadores, exploradores, missionários e convertidos representam um dos lados da história católica no Novo Mundo, mas o responsável por tudo o que imaginamos ser o catolicismo americano é o outro lado, representado pela igreja dos imigrantes católicos que adentraram a cultura puramente protestante das colônias inglesas e dos Estados que as sucederam, criando gradualmente uma diáspora, uma rede de minorias católicas por todos os Estados Unidos. Esse movimento foi ampliado com a expansão para o Oeste da nação americana e, ao avançar, incorporou e engoliu as comunidades católicas mais antigas, que deviam sua existência a movimentos anteriores, de origem francesa e espanhola.

A única exceção a esse processo foi a pequena e colonial Igreja Anglo-Americana de Maryland. Ela nunca teve muitos adeptos e, durante o período colonial, sua existência dependia inteiramente do ministério dos jesuítas da província inglesa, dos quais 185 vieram para a América nos primeiros 140 anos da existência de Maryland. Mas sua importância é desproporcional ao seu tamanho, pois ela fornece uma ligação histórica vital com a tradição nativa inglesa do catolicismo e com a tradição nativa americana da cultura inglesa, e, na época da Revolução, ela deu aos católicos uma parcela modesta na fundação dos Estados Unidos por meio da participação de alguns de seus representantes, como os Carroll.

Para além dessa escassa linha de continuidade histórica com o passado colonial inglês, o catolicismo americano deve tudo – até mesmo a sua existência – aos imigrantes, primeiro aos franceses que deixaram a Europa e as Índias Ocidentais na época da Revolução, depois aos irlandeses e alemães e, por fim, aos poloneses, italianos, checos, húngaros e ucranianos que continuaram a aproveitar a maré de imigração estrangeira até a época das guerras mundiais.

De todos esses elementos, foram os irlandeses que tiveram maior importância do ponto de vista religioso e social. A despeito de sua intensa lealdade à Irlanda e uns aos outros, eles foram os elementos que se adaptaram mais rápida e completamente ao modo de vida americano, e trouxeram consigo de sua terra natal a tradição de solidariedade entre padres e povo que foi a característica comum do catolicismo americano e do irlandês.

Vários traços do catolicismo americano que o distinguem do europeu são, na verdade, tão irlandeses quanto americanos. Em geral, havia na Europa uma aliança entre a Igreja e o Estado católico, e entre o clero e a classe governante conservadora. Mas os imigrantes irlandeses trouxeram do Velho Mundo uma profunda desconfiança do governo protestante, e até mesmo uma franca hostilidade contra ele. Por outro lado, havia uma estreita aliança social entre as pessoas comuns e seus padres, que eram do mesmo sangue, classe e cultura, e tomaram o lugar da classe governante como os líderes sociais do povo. Assim, o caráter democrático do catolicismo americano, que é a primeira coisa que impressiona o observador externo, não é inteiramente um produto das condições americanas, mas deve seu caráter básico à herança irlandesa.

É fato que a tradição irlandesa sofreu uma mudança profunda na América. Ela perdeu sua língua nativa e, com isso, a rica herança da cultura camponesa gaélica. Mas esse foi o preço necessário a pagar pela adaptação bem-sucedida à sociedade americana, uma vez que o fato de serem falantes do inglês lhes deu uma grande vantagem sobre todos os outros grupos de imigrantes. Ao mesmo tempo, eles se transformaram de classe camponesa em proletariado urbano, e fizeram isso de forma tão cabal que, no decorrer do século XIX, se tornaram o elemento predominante na maioria das grandes cidades americanas. Ao levarem a cabo o processo revolucionário de transformação social, os irlandeses criaram o novo padrão social de catolicismo urbano, adotado por quase todos os grupos subsequentes de imigrantes, à exceção dos alemães. Estes imigrantes posteriores – poloneses, italianos, checos, húngaros, lituanos e ucranianos – eram, como os irlandeses, camponeses desenraizados que se tornaram moradores das cidades no Novo Mundo e encontraram, na vida de sua igreja, paróquia e escola católica, a proteção moral e o elemento de comunidade espiritual que lhes permitiram sobreviver no novo ambiente.

Esse talvez seja o fator mais importante que distingue a tradição social do catolicismo americano da do Velho Mundo. Na Europa, foram os camponeses que permaneceram mais leais à Igreja e, provavelmente, forneceram o maior número de vocações religiosas, ao passo que, nas grandes cidades, a Igreja teve de enfrentar a crescente oposição das forças anticlericais e irreligiosas. Na América, a situação foi exatamente oposta. Toda a força da Igreja está nas cidades – especialmente as grandes cidades do leste e do Meio-Oeste –, enquanto os distritos rurais, à exceção das áreas de povoação alemã no norte de Ohio e em outros lugares, eram solidamente protestantes e, em muitos casos, mantinham todos os preconceitos e delírios anticatólicos do passado. Tal situação era ainda mais significativa porque a cultura americana inicial era predominantemente rural. Quando o movimento de imigração católica teve início, a civilização urbana americana não existia. Nos Estados Unidos, o catolicismo cresceu com as cidades e seu processo civilizatório, de tal modo que seu lugar na moderna cultura americana, agora uma cultura urbana, é ainda mais importante do que seus números e sua data de origem poderiam nos levar a supor.

A despeito disso, no decorrer do século XIX e mesmo até a época das guerras mundiais, o prestígio social e as conquistas culturais dos católicos americanos eram bastante modestos. Eles eram uma minoria desfavorecida e ignorada, e a Igreja Católica era a igreja dos pobres e estrangeiros. Até meados do século XIX, os católicos foram expostos a uma campanha de deturpação e abuso que, às vezes, como em Boston e na Filadélfia, chegou à franca perseguição e queima de igrejas e conventos. Apesar disso, o progresso do catolicismo americano prosseguiu sem interrupções. A impopularidade e a falta de privilégios podem ter sido desfavoráveis ao desenvolvimento de uma cultura intelectual, mas fortaleceram a solidariedade social da Igreja e a lealdade do povo católico aos seus líderes religiosos. Em meio às dificuldades econômicas, os fiéis americanos erigiram suas próprias instituições sociais e educacionais, até que a Igreja Católica se tornou o corpo religioso mais altamente organizado e mais bem equipado dos Estados Unidos.

Em tais circunstâncias, seria despropositado reprovar o catolicismo americano por não produzir eruditos, filósofos e homens de letras. Era a igreja dos pobres, e os irlandeses famintos que fugiram da penúria ou os camponeses centro-europeus sem instrução que vieram para a América trabalhar nas minas e fábricas não poderiam transmitir uma tradição intelectual católica que jamais tiveram. Tudo teve de ser construído desde os alicerces, e o estado atual do catolicismo nos Estados Unidos é uma prova da grandeza de seus esforços e da solidez de suas realizações. No fim do século XIX, sob a liderança do cardeal Gibbons, o catolicismo americano tinha estabelecido firme posição como elemento fundamental na vida da nação, e os fiéis estavam cada vez mais conscientes de sua força e das novas oportunidades abertas à sua religião pela civilização do Novo Mundo.

Portanto, os líderes espirituais e intelectuais do catolicismo nos Estados Unidos – homens como o padre Hecker, o fundador da sociedade missionária Padres Paulistas, John Ireland, o célebre arcebispo de St. Paul, e o bispo Keane, primeiro reitor da Universidade Católica – advogavam primordialmente os ideais americanos e a defesa do modo de vida americano. Eles sustentavam que a liberdade das instituições anglo-saxônicas era, na prática, mais favorável ao progresso do catolicismo do que os padrões ultrapassados do Estado católico europeu, e que o catolicismo democrático do Novo Mundo estava destinado a ser o catolicismo da nova era. No entanto, o otimismo revelou-se um tanto prematuro. Provocou uma controvérsia entre católicos conservadores e liberais na América e na Europa que resultou na carta de Leão XIII ao cardeal Gibbons condenando as "opiniões que alguns abarcam sob o nome de americanismo", com uma referência especial à biografia do padre Hacker escrita por Elliot,[2] que foi o centro da controvérsia, especialmente na França.

Foi uma celeuma estranha e inconclusiva, uma vez que os americanistas dos EUA, como os representados pelo arcebispo Ireland, negavam que tais opiniões sequer existissem entre eles, e os americanistas da França, como o abade Klein, descreviam o americanismo como um fantasma teológico. A confusão surgiu do fato de que os americanistas não eram teólogos e os antiamericanistas sabiam muito pouco sobre a América. A verdade é que uma nova sociedade católica e um novo modo de vida haviam surgido como partes fundamentais da grande e nova civilização democrática americana, compartilhando das mesmas características, das mesmas fraquezas e da mesma força. Era uma realidade viva, não uma teoria. Seus críticos e admiradores erraram em lhe atribuir uma ideologia que não tinha. Pois, na realidade, não existia uma coisa chamada americanismo: havia apenas os católicos americanos. O catolicismo americano começou a adquirir plena consciência cultural só dez ou vinte anos depois do fim da controvérsia.

Portanto, foi só depois do fechamento à imigração europeia, após o fim da Primeira Guerra Mundial, que as barreiras que separavam imigrantes e americanos natos foram superadas, e a verdadeira unidade social e cultural entre os dois elementos populacionais foi, enfim, atingida. Os resultados disso são cada vez mais visíveis desde o fim da Segunda Guerra Mundial, e se manifestam em três direções.

Em primeiro lugar, os católicos não foram mais tidos como irlandeses americanos ou poloneses americanos, e se tornaram simplesmente católicos americanos – e era exatamente isso que o cardeal Gibbons e tantos outros líderes do passado almejavam. Em segundo lugar, os católicos conquistaram um novo *status* social e econômico. Eles não são mais proletários desfavorecidos, como no decorrer do século XIX, e tornaram-se, em grande parte, uma comunidade de classe média. Isso implica certa perda, pois a igreja americana era predominantemente a igreja dos pobres e, do ponto de vista religioso, uma fonte de força

---

[2] *Life of Father Hecker* ("A Vida do Padre Hecker"), de Walter Elliot (1842-1928), biografia lançada em 1891. Como atesta Dawson, a publicação da obra foi uma das causas da controvérsia em torno do americanismo. (N. T.)

espiritual. Mas, vista em relação com a cultura americana, a conquista do sucesso econômico foi uma fonte tão importante de prestígio social que, sem ela, teria sido difícil para os católicos assumirem por completo sua parcela na vida do país. E, em terceiro lugar, os últimos vinte anos testemunharam um grande avanço da educação católica e uma consciência cada vez maior da importância dos valores intelectuais e da necessidade de uma cultura católica.

Essa foi a maior fraqueza do catolicismo americano no passado, em grande parte em virtude da falta de oportunidade econômica e da carência de qualquer tradição cultural entre a maioria dos grupos de imigrantes; mesmo hoje, diz-se com frequência que os católicos não assumem proporcionalmente a sua parcela na vida intelectual da nação. Mas contra isso devemos citar as notáveis realizações da educação católica americana – 3,5 milhões de crianças na escola primária; 700 mil alunos na escola secundária; e 300 mil estudantes na universidade e faculdade –, um recorde de esforço voluntário que, acredito, não encontra paralelo em nenhum outro lugar do mundo.

Sem dúvida, os resultados em termos de uma cultura intelectual mais elevada são decepcionantes, mas isso se aplica também à educação secular americana, em que as enormes somas e os esforços aplicados nos últimos trinta anos não produziram avanço cultural correspondente. Mas a criação de um sistema educacional de massa já é, em si, uma grande conquista, e poderá ter importância ainda maior no futuro. Pois, quando alcança certo ponto de desenvolvimento, a educação abre novos e amplos horizontes culturais. Ela deixa de ser um pragmático esforço paroquial para a manutenção de um padrão mínimo de instrução religiosa e se torna a porta de acesso para o reino mais amplo da cultura católica, de 2 mil anos de tradição e literalmente global em âmbito e extensão.

No passado, em virtude de circunstâncias adversas, os católicos americanos foram privados dessa herança cultural e forçados a viver como intrusos na periferia de uma cultura protestante dominante. No entanto, eles eram os herdeiros legítimos de uma herança cultural muito mais rica do que qualquer coisa que o protestantismo americano conhecia; agora que estão livres para abraçar essa herança, eles poderão, afinal, exercer uma influência crescente no pensamento e na cultura americanos. É óbvio que isso é infinitamente mais importante do que as questões acerca da influência política, que têm certo apelo jornalístico, mas só tocam a superfície da vida católica.

Mais vital é a questão cultural, pois é apenas mediante a transmissão da cultura e a reunião de mentes que se torna possível fazer os americanos perceberem a verdadeira natureza do catolicismo e o real significado dos valores católicos. Durante a maior parte do século XIX, é seguro afirmar que os protestantes americanos sabiam menos do que nada a respeito de tudo isso. O que eles julgavam saber era uma caricatura – um estereótipo imposto por séculos de controvérsias e preconceitos religiosos. Mesmo hoje, o estado de ignorância não foi, de modo algum, dissipado por inteiro.

Agora é fácil explicar as incompreensões que inspiraram o movimento *Know Nothing* ("Sabe Nada"),[3] um século atrás. Os habitantes da Nova Inglaterra, por exemplo, tinham sua própria e altamente desenvolvida cultura regional, baseada na antiga tradição puritana e na nova ideologia unitarista, e era natural que se ressentissem da invasão de grandes hordas de católicos sem instrução, falando quase uma língua estrangeira e adorando, por assim dizer, deuses estranhos.

Mas tudo isso é passado. Hoje, os descendentes dos imigrantes são tão americanos quanto os descendentes dos peregrinos,[4] e os católicos modernos são pessoas educadas que aprenderam a se adaptar ao modo de vida americano sem sacrificar suas tradições religiosas e intelectuais. É verdade que os católicos ainda são minoria em uma cultura tradicionalmente protestante, mas são minoria muito forte – bem maior, mais forte e mais bem organizada do que muitas das maiorias católicas no Velho Mundo.

No passado, conforme dissemos, a educação superior católica na América era relativamente desimportante, e o esforço principal da Igreja estava concentrado nas necessidades das escolas primárias paroquiais. Foi só no presente

---

[3] Movimento nativista ativo na década de 1850, formado por protestantes de classe média que se opunham às levas de imigrantes católicos. O nome deriva das atividades supostamente secretas do movimento: quando um membro era inquirido a respeito, respondia sempre que nada sabia. (N. T.)

[4] Em inglês, *Pilgrim Fathers*: nome dado aos primeiros colonos ingleses. Eles eram calvinistas que se estabeleceram na colônia de Plymouth, no atual Estado de Massachusetts, em 1620. (N. T.)

século – e mesmo na geração atual[5] – que os católicos conseguiram devotar sua atenção à universidade e se tornaram capazes de dar a sua própria e distinta contribuição à cultura americana.

A natureza de sua contribuição é óbvia. Pois as universidades católicas estão sozinhas – ou quase sozinhas – como as representantes da antiga tradição educacional cristã nos Estados Unidos. Sempre foi uma maldição que a educação estivesse sob o feitiço do passado em seus métodos e ideias. Mas, hoje, não é o passado dos escolásticos medievais ou dos humanistas do Renascimento, é a tradição utilitarista e secular do fim do século XIX que reduz a educação moderna a uma massa amorfa de especialidades e cursos vocacionais.

É dever da educação superior ficar acima disso, oferecendo à mente uma visão unificada das fontes espirituais sobre as quais floresceu a civilização ocidental. Isso não é responsabilidade somente da universidade católica: é do interesse comum de todas as universidades e escolas fora do controle do Estado. Mas a universidade católica está em posição particularmente favorável para concretizar esses objetivos, posto que tem comprometimento inequívoco e consciente para com a cultura cristã e valores cristãos.

---

[5] Não custa ressaltar que Dawson escreveu e publicou este livro em meados do século XX. (N. T.)

8
A educação e o Estado

É inevitável que qualquer um que pesquise a literatura da educação moderna se sinta desencorajado ao pensar na imensa quantidade de tempo e trabalho gasta com aparentemente tão pouco resultado. Mas não devemos esquecer que, por trás da cortina de fumaça de livros e manuais, atuam forças poderosas que mudaram a vida e o pensamento de homens com mais eficácia do que o poder arbitrário dos ditadores ou a violência das revoluções políticas.

Durante os últimos cem ou duzentos anos, a humanidade foi submetida a um processo que gera uniformidade e universalidade. Por exemplo, há serviço militar universal, há sufrágio universal e, por fim, há educação universal. Não podemos afirmar que nenhum deles gerou os demais, mas todos influenciaram uns aos outros e são, presumivelmente, a expressão de forças similares ou idênticas a operar em diversos campos.

Dos exemplos que dei, o sufrágio universal é geralmente tido como o mais importante. Mas ele é menos característico que os demais por ser menos obrigatório. De fato, no passado, o uso do sufrágio político nunca foi universal, mesmo nas sociedades em que todos os adultos tinham direito ao voto. O serviço militar universal, por outro lado, recebeu menos atenção do que merecido. É o mais antigo dos três exemplos, e tem raízes profundas na história. É também aquele cujo elemento de coação é mais forte e efetivo. Na Inglaterra, contudo, e mais ainda nos Estados Unidos e nas colônias, sua introdução foi tão adiada, que ele é ainda tido como uma medida excepcional de emergência e até hoje não foi inteiramente assimilado pela nossa sociedade e cultura.

Resta a educação, de fato o mais universal dos três exemplos, posto que agora se expandiu para o mundo inteiro. Além disso, é mais profundo do que os outros dois, pois concerne diretamente à mente humana e à formação do caráter. É, além disso, uma força em expansão contínua, pois, uma vez que o Estado aceita a total responsabilidade pela educação de toda a juventude do país, ele é obrigado a ampliar seu controle mais e mais e para novos campos: para o bem-estar físico dos pupilos; para a alimentação e cuidados médicos; para o lazer e uso do tempo livre; e, por fim, para o bem-estar moral e orientação psicológica.

A educação universal, portanto, implica a criação de uma imensa engrenagem de organização e controle que deve crescer em poder e influência até abarcar todo o campo da cultura e toda forma de instituição educacional, do jardim de infância à universidade.

Por conseguinte, o movimento moderno rumo à educação universal tende inevitavelmente a se tornar o rival ou a alternativa à Igreja, que é também uma instituição universal diretamente interessada na mente humana e na formação do caráter. E, na verdade, não há dúvida de que o progresso da educação universal coincidiu com a secularização da cultura moderna e foi largamente responsável por ela.

Na filosofia do Iluminismo que inspirou a política educacional da Revolução Francesa e do liberalismo continental, a Igreja e a influência da religião eram tidas como poderes das trevas, responsáveis pela condição de atraso das massas; consequentemente, o movimento pela educação universal foi uma cruzada iluminista cujo espírito era inevitavelmente anticlerical. Mesmo na Inglaterra, já em 1870, Joseph Chamberlain pôde declarar que "o objetivo do Partido Liberal na Inglaterra, por todo o continente europeu e na América é arrancar a educação dos jovens das mãos dos padres, qualquer que seja sua denominação".

Sem dúvida, na prática a educação universal na Inglaterra e na Alemanha, e em muitos outros países, foi o resultado ou de um processo de cooperação entre Igreja e Estado, ou, ao menos, de algum tipo de *modus vivendi* entre eles. Ainda assim, e na melhor das hipóteses, foi uma parceria desigual: o fato de que a educação secular é universal e compulsória, e a educação religiosa é parcial e voluntária, inevitavelmente favorece a primeira e coloca a Igreja em grande desvantagem nas questões educacionais. Isso não se deve apenas à desproporção, em riqueza e poder, entre uma minoria religiosa e o Estado moderno. Ainda mais importante é a onipresente influência dos padrões e valores seculares que afetam todo o sistema educacional e fazem com que a ideia de uma cultura religiosa integrada pareça antiquada e absurda aos políticos, publicitários e especialistas técnicos que são os formadores da opinião pública.

Além disso, devemos lembrar que o secularismo moderno, na educação e na política, não é apenas uma força negativa. Hoje, como nos dias do Iluminismo e da Revolução, ele tem seus ideais e dogmas – quase podemos dizer que tem sua própria religião. Em tempos recentes, um dos expoentes mais destacados desse idealismo secular foi o professor Dewey, cujas ideias tiveram profunda influência na moderna educação americana, como descrevi anteriormente.

Dewey, a despeito de seu secularismo, tinha uma concepção de educação que era quase genuinamente religiosa. A educação não está preocupada com valores intelectuais, seu fim não é transmitir conhecimento ou formar eruditos nas artes liberais. Ela existe apenas para servir à democracia; e democracia não é forma de governo, mas uma comunidade espiritual baseada na "participação de todo ser humano na formação dos valores sociais". Portanto, cada criança é um membro em potencial da igreja democrática, e é função da educação concretizar a adesão dessa criança e ampliar seus poderes de participação. O conhecimento é indispensável, não há dúvida, mas ele é sempre secundário em relação à ação, e a ação é secundária em relação à participação. O objetivo final de todo o processo é um estado de comunhão espiritual em que cada indivíduo compartilha da experiência do todo e contribui segundo suas forças para a formação da "inteligência agrupada final" – para usar a expressão de Dewey –, que é a mente democrática.

Parece-me óbvio que o conceito de educação é religioso, a despeito de seu secularismo. Ele é inspirado pela fé na democracia e pela "mística" democrática que, em espírito, é mais religiosa que política. Palavras como "comunidade", "progresso", "vida" e "juventude", etc., mas sobretudo "democracia", adquiriram uma espécie de caráter numinoso que lhes dá poder emocional ou evocativo e as coloca acima da crítica racional. Mas, quando se trata do real significado e conteúdo da educação, não podemos deixar de perguntar a que essas abstrações sagradas se equivalem. Os povos mais primitivos e bárbaros que conhecemos não alcançaram tão completamente esses grandes objetivos de participação social e experiência comunal por meio de suas cerimônias de iniciação e danças tribais, quanto qualquer educador moderno com seus programas elaborados para a integração da escola com a vida e o compartilhamento da experiência comum?

Talvez o ancestral da educação moderna, Jean-Jacques Rousseau, que era mais consistente do que seus descendentes, aprovasse isso, uma vez que ele acreditava que a civilização era um erro completo e o homem estaria melhor sem ela. Mas, em geral, o democrata moderno tem fé ingênua na civilização moderna, e quer aceitar a herança cultural ao mesmo tempo que rejeita o doloroso processo de disciplina social e intelectual pelo qual aquele patrimônio foi adquirido e transmitido.

Nisso ele difere do comunista, que compartilha do mesmo ideal de participação comunitária da experiência, mas tem crença muito definida na necessidade da autoridade e da disciplina social, e cujo sistema educacional é baseado não só em uma doutrina comum mas também em uma técnica psicológica para despertar fé e devoção.

O democrata, por outro lado, não vê uso para a autoridade no Estado, na escola ou na esfera da atividade cultural. Mas, quando se trata da questão da autoridade religiosa, o democrata e o comunista estão, mais uma vez, de acordo. Como pontuou Sidney Hook, um dos apoiadores de Dewey, a filosofia deste, sobretudo no que diz respeito à educação, é a inimiga número um de "qualquer doutrina que sustenta que o homem se destina a um fim supranatural ao redor do qual ele deve organizar sua vida terrena".

Prestei tanta atenção às ideias de Dewey por causa da enorme influência que ele teve na educação americana e, via América, em ideias educacionais no Extremo Oriente e em outros lugares. Essas ideias são importantes porque manifestam, de forma explícita e simplificada, princípios aceitos como indiscutíveis por educadores liberais ou democratas em toda parte. O fato é que a sociedade moderna se viu inevitavelmente comprometida com algo desse tipo tão logo abandonou a concepção puramente utilitária da educação, característica das reformas inglesas radicais do começo do século XIX. Desde então, a educação universal deixou de ser considerada um meio para a transmissão do conhecimento e, em vez disso, tornou-se um instrumento para a criação de uma mentalidade comum. Dessa forma, ela se tornou o agente mais importante na criação de uma nova e secular religião do Estado ou da comunidade nacional que, tanto nas sociedades democráticas quanto nas totalitárias, está substituindo a antiga religião da Igreja como o credo em ação no mundo moderno.

É claro que não pretendo sugerir que o ideal democrático é idêntico ao totalitário. Pois, como já afirmei a respeito do comunismo, a educação totalitária, como tudo mais naquele modo de vida, é extremamente autoritária e atua como o instrumento de uma ideologia partidária excludente e intolerante. O ideal democrático de educação é, como afirma Dewey, educação para a liberdade – liberdade tanto de pensamento quanto de ação –, e ele criticava as formas tradicionais de educação porque elas conservariam o princípio autoritário, fosse na relação do professor com o aluno, fosse pela imposição de um padrão absoluto de cultura que a pessoa sem instrução seria forçada a aceitar e admirar.

Mas é exatamente por essa razão que as formas tradicionais de educação religiosa seriam as piores de todas, posto que mais autoritárias e porque iriam mais longe ao asseverar a existência de verdades absolutas e padrões morais absolutos, com os quais o indivíduo deveria se conformar. Em relação a isso, educadores democráticos como Dewey estão de acordo com propagandistas anticatólicos como o Sr. Blanshard. É precisamente a atitude católica para com a educação que está na base da acusação de Blanshard. Não que ele tenha objeções à religião como tal, pois, na medida em que seja considerada assunto particular, que só diga respeito à consciência e aos sentimentos do indivíduo, ela é coisa muito boa. Mas, a partir do momento em que a religião intenta criar sua própria comunidade de pensamento e a separar seus adeptos da mentalidade comum da sociedade democrática e do ensino estatal, que é o órgão dessa mentalidade comum, ela se torna uma força antissocial que todo bom democrata deve rejeitar e condenar.

É óbvio que toda a questão acerca das relações entre educação e Estado, Igreja, comunidade e cultura está inextrincavelmente ligada a questões fundamentais que não podem ser evitadas, por mais que tentemos. Nem o secularismo, nem o cristianismo implicam, necessariamente, perseguição. Mas ambos podem, com facilidade, tornar-se intolerantes, e sejam tolerantes ou intolerantes, eles são, inevitavelmente e em cada aspecto, irreconciliáveis um com o outro. De um lado, temos a visão secular de que o Estado é a comunidade universal, e a Igreja a associação limitada de grupos de indivíduos para fins limitados. De outro, temos a visão cristã de que a Igreja é a comunidade universal, e o Estado uma associação limitada para certos fins limitados. O filósofo e o teólogo podem dizer que tanto um quanto outro são sociedades perfeitas, em seu próprio direito e devida esfera autônoma de atuação. Mas isso é verdade só juridicamente falando, não psicológica ou moralmente. A Igreja é socialmente incompleta, a menos que haja uma sociedade cristã e uma congregação eclesiástica, e o Estado é moralmente incompleto sem algum vínculo espiritual além da lei e da força da espada. Desde a perda de um contato vivo com a fé histórica da cristandade, a sociedade moderna procura um vínculo similar no ideal democrático da sociedade da natureza e sua vontade geral, ou no culto nacionalista de uma comunidade histórica racial, ou na fé comunista na missão revolucionária do proletariado. E, em cada caso, o que encontramos é uma religião substituta ou uma contrarreligião que transcende os limites jurídicos do Estado político e cria uma espécie de igreja secular.

É verdade, claro, que este desdobramento tem sido quase que inteiramente europeu e encontra suas expressões características na democracia francesa revolucionária, no nacionalismo alemão e no comunismo russo. Inglaterra e América, por outro lado, sempre seguiram uma tradição diversa, e, no passado, suas doutrinas políticas clássicas se basearam na antiga concepção de Estado limitado que se restringe a certas atividades específicas e deixa a maior parte da vida como um campo aberto à livre atuação dos indivíduos e organizações independentes. Na prática, a concepção anglo-saxônica de Estado limitado estava intimamente ligada a uma concepção sectária da Igreja. A religião era ativa e influente, mas não unida. A questão principal não era Igreja e Estado, mas Igreja e seita, ou Estado, Igreja e seita, de tal modo que, na Inglaterra, a secularização formal do Estado não se deveu a um ataque anticlerical à crença religiosa, mas foi obra dos pios não conformistas[1] que se preocupavam, acima de tudo, com a defesa de seus próprios privilégios e liberdade religiosa.

Tudo isso teve enorme influência na história da educação inglesa. Pois a educação é uma das formas de atividade que, tradicionalmente, estão fora da competência de qualquer Estado limitado. A educação pública, nas universidades e escolas públicas, era anglicana por herança do passado católico; e isso dependia não de leis educacionais ou da política governamental, mas dos estatutos de fundação das próprias instituições, que eram corporações autônomas e não raro bastante avessas a qualquer intervenção do parlamento ou governo.

Quando foi introduzida no século XIX, a educação primária foi encarada como assunto da Igreja Anglicana e das seitas – uma espécie de extensão do velho sistema de aulas de catecismo e escolas dominicais. Mesmo um movimento independente como as *Ragged Schools* de Shaftesbury,[2] que não pertencia a nenhuma denominação religiosa, era, no entanto, essencialmente religioso e antigovernamental em espírito e se opunha a qualquer forma de controle estatal.

Por conseguinte, na Inglaterra e nos Estados Unidos, a vitória da educação secular se deveu, acima de tudo, ao atrito e aos ciúmes entre as denominações religiosas, e não a qualquer hostilidade consciente à religião. Mas, ao mesmo tempo, toda a relação entre Estado e comunidade havia mudado por causa da crescente responsabilidade do primeiro pelo bem-estar social e individual e de seu controle cada vez maior da vida econômica. A concepção europeia de Estado como uma comunidade que abrange tudo, uma espécie de igreja secular, pela porta dos fundos, destruiu gradual e inevitavelmente a concepção tradicional de

---

[1] Também conhecidos como dissidentes ingleses, os não conformistas foram reformadores que, no século XVII, se insurgiram contra a intervenção do Estado por meio da Igreja Anglicana. Batistas, presbiterianos, metodistas e quacres são exemplos de denominações não conformistas que ainda existem nos nossos dias. (N. T.)

[2] *Ragged Schools* ("escolas maltrapilhas" ou "esfarrapadas") eram organizações de caridade estabelecidas em bairros da classe trabalhadora e dedicadas à educação de crianças pobres. Em abril de 1844, o London Ragged School Union foi criado para prover educação gratuita, roupa, alimentos e outros serviços às crianças. Cem anos depois, em memória do 7.º Lorde de Shaftesbury (1801-1885), que por décadas promoveu essas escolas e inúmeras outras ações em defesa das crianças carentes, a organização foi rebatizada como Shaftesbury Society. (N. T.)

Estado limitado e reduziu de forma drástica a esfera de atuação das organizações não políticas na educação e na vida social de forma geral. Em alguns aspectos, estamos agora muito pior do que os povos europeus, pois não há lugar em nossas tradições para a ideia de uma concordata, como uma espécie de tratado, entre Igreja e Estado como duas sociedades autônomas.

Nos Estados Unidos, sobretudo, o princípio de absoluta separação entre Igreja e Estado foi tão longe que implica a recusa em reconhecer a Igreja Católica como entidade corporativa, de tal forma que qualquer coisa da natureza de uma concordata seria considerada uma violação da Constituição. De forma similar, no âmbito da educação pública, o princípio da separação entre Igreja e Estado é agora interpretado tão rigorosamente que qualquer forma de ensino cristão positivo foi banido das escolas e, como resultado, o sistema educacional inevitavelmente favorece a minoria pagã e secular contra os elementos cristãos e judaicos, os quais, é provável, representam a maior parte da população.

Isso leva, de um lado, à propagação do tipo de religião substituta que eu já descrevi como a fé estabelecida do Estado democrático; e, de outro, à desvalorização da religião tradicional como prescindível, não vital, excepcional e, talvez, até mesmo antissocial.

Não há dúvida de que existem alguns protestantes americanos tão convencidos dos valores morais do modo de vida democrático que tendem a identificar a religião substituta democrática com a sua própria, e bastante indefinida, tradição cristã. Um desses educadores protestantes afirma que "chamar a educação pública de 'ímpia' revela ignorância invencível, infinito preconceito e total incompreensão do que é a religião", pois "o ensino público é mais distintamente uma fé de todas as pessoas do que a própria Igreja".[3]

Não creio que essas declarações representem a opinião protestante ortodoxa. Elas certamente seriam rejeitadas por todos os católicos. Porém, nem mesmo os católicos são imunes à difusa influência do secularismo na educação. Essa influência se revela de duas maneiras opostas. Na medida em que os

---

[3] C. H. Moehlman, *School and Church: The American Way*. New York, Harper, 1944.

católicos preservam, com grande esforço e sacrifício, suas próprias escolas e universidades, eles são forçados a devotar tanta energia ao mero trabalho material ou técnico de manter o sistema funcionando, que a qualidade do ensino é prejudicada. Eles se tornam mais preocupados com a necessidade utilitária de resultados práticos, medidos pelos padrões competitivos estabelecidos pelo Estado ou pelo sistema educacional secular, do que com a questão essencial da transmissão da cultura católica. E, em segundo lugar, a força e a ubiquidade da cultura secular forçam os cristãos, tanto católicos quanto protestantes, a aceitar a solução sectária, que aquiesce na secularização da cultura e da vida social, e, em compensação, esforça-se para manter um padrão estrito de observância religiosa atrás das portas fechadas do conventículo e de casa.

O exemplo mais marcante desse sistema, aplicado com rígida consistência por muitos séculos, pode ser observado na vida da comunidade judaica nos guetos da Europa Central e da Oriental. Mas o gueto era, afinal, uma solução imposta de fora, e jamais teria existido sem certo grau de perseguição ativa e um elemento muito forte de preconceito racial e autoconsciência nacional. Quando esses fatores existem entre os cristãos, como no caso da imigração em massa de irlandeses para Grã-Bretanha e Estados Unidos em meados do século XIX, temos algo como a formação de um gueto cristão, do qual uma minoria inspirada por intenso patriotismo religioso vive sua própria vida espiritual sob a superfície de uma cultura dominante e hostil.

Mas não há mais espaço para guetos no moderno Estado secular. Tanto sua tolerância quanto sua intolerância são hostis à existência de qualquer mundo tão fechado. Nas condições modernas, a solução sectária significa apenas que a minoria religiosa abdica de sua pretensão de influir na cultura da comunidade. E a tentativa de usar a educação religiosa para impor um padrão rígido de prática religiosa no seio de uma cultura secular resulta apenas no aumento do problema do "vazamento". E, assim, temos uma situação na qual os católicos que praticam e compreendem sua religião são a minoria da minoria, e a maior parte da população não é nem inteiramente cristã, nem conscientemente ateia, mas católicos não praticantes, meios-cristãos e pessoas bem-intencionadas destituídas, em absoluto, de qualquer conhecimento religioso positivo.

Por conseguinte, não é o bastante que os católicos limitem seus esforços à educação da minoria católica. Se querem preservar a educação católica em uma sociedade secularizada, eles têm de fazer alguma coisa em relação também à educação não católica. O futuro da civilização está nas mãos da maioria; enquanto nada for feito para neutralizar a tendência atual da educação moderna, a mente das massas deverá se tornar cada vez mais alienada de toda a tradição da cultura cristã.

Mas isso não é inevitável. Jamais teria acontecido se os cristãos não estivessem tão absorvidos por seus conflitos internos, a ponto de adotar uma atitude negativa e defensiva em relação ao problema da educação nacional como um todo. Na Inglaterra, em todo caso, nunca houve época em que a política educacional pública fosse ativa ou conscientemente anticristã. De fato, alguns dos principais representantes do Conselho de Educação, como Matthew Arnold, tinham uma consciência mais aguda dos problemas da secularização e da importância cultural da educação religiosa do que os próprios líderes religiosos.

A situação, é claro, deteriorou-se consideravelmente desde o tempo de Arnold, sobretudo no ensino superior. A teologia, que outrora dominava a universidade, foi empurrada do centro para a periferia e se tornou uma especialização em meio a um número cada vez maior de especializações, ao passo que o estudo do divino como parte essencial do currículo geral de matérias e ainda remanescente de forma residual antes da Primeira Guerra Mundial desapareceu por inteiro. Não sugiro que seja possível, ou talvez sequer desejável, restaurá-lo. O que acredito muito firmemente é que chegou o momento de considerar a possibilidade de introduzir o estudo da cultura cristã como uma realidade histórica objetiva no currículo de estudos universitários.

Até que o indivíduo adquira algum conhecimento de outra cultura, ele não pode se dizer educado, uma vez que a sua perspectiva inteira é tão condicionada por seu próprio ambiente social que ele não se dá conta das próprias limitações. Ele é um provinciano quanto ao tempo, se não quanto ao lugar, e quase inevitavelmente tende a aceitar os padrões de sua própria sociedade como absolutos. A abertura do horizonte intelectual pela iniciação em um mundo cultural diferente era, de fato, a parte mais valiosa da antiga educação clássica.

Acredito que o estudo da cultura cristã proporcionaria um substituto realmente eficaz. Ele iniciaria o estudante em um mundo desconhecido ou, na melhor das hipóteses, conhecido pela metade, e, ao mesmo tempo, aprofundaria seu conhecimento da cultura moderna ao mostrar a relação genética desta com a cultura do passado. Ninguém nega a existência de uma literatura cristã, uma filosofia cristã e uma ordem institucional cristã, mas, no presente, elas não são estudadas como partes de um todo orgânico. No entanto, sem esse estudo integrado, é impossível entender até mesmo o desenvolvimento da literatura vernácula moderna.

Mas como isso afeta a questão da educação cristã? É óbvio que o estudo acadêmico da cultura cristã como fenômeno histórico não substitui a educação religiosa no sentido comum. O que ele pode fazer, entretanto, é ajudar a remover o preconceito preliminar contra a visão de mundo cristã, preconceito que desempenha papel tão importante na secularização da cultura. A verdade é que a média das pessoas educadas não é ignorante apenas em teologia cristã, mas também em filosofia cristã, história cristã e literatura cristã, ou seja, em cultura cristã em geral. E elas não se envergonham da própria ignorância, pois o cristianismo tornou-se uma das coisas de que gente educada não fala. Este é um preconceito muito recente, que surgiu entre as pessoas medianamente educadas e pouco a pouco se espalhou acima e abaixo. Ele não existia entre pessoas civilizadas no século XIX, quaisquer que fossem suas crenças pessoais. Homens como Lorde Melbourne e Macaulay poderiam falar sobre assuntos religiosos de maneira tão inteligente quanto Gladstone e Acton. Foi apenas no fim do século XIX que o cristianismo deixou de ser intelectualmente respeitável, e isso se deveu não só à secularização da cultura, mas, também, ao rebaixamento geral dos padrões culturais que caracterizou a época.

Hoje, há sinais de melhora a esse respeito. A religião voltou à poesia e à ficção, e há, mais uma vez, interesse civilizado por discussões religiosas. Mas isso não pode avançar, a menos que a religião seja trazida de volta ao ensino superior, o que só pode ser alcançado pela concessão de um lugar reconhecido, nos estudos universitários, ao estudo sistemático da cultura cristã.

Uma reforma desse tipo no nível do ensino superior inevitavelmente penetraria nos níveis abaixo, das escolas secundárias e primárias, e afetaria, um grau após o outro, a educação pública por inteiro. Obviamente, é difícil melhorar a situação nas escolas se os professores não têm conhecimento da cultura cristã, e o padrão estabelecido pela universidade é secular. No entanto, são as universidades e outros centros de ensino superior que devem dar o primeiro passo; se o fizerem, há poucas dúvidas de que encontrarão muito apoio em toda parte, e de que sua iniciação no estudo da cultura cristã terá os mais profícuos resultados.

Parte II

A SITUAÇÃO DA EDUCAÇÃO CRISTÃ NO MUNDO MODERNO

9
O estudo da cultura ocidental

Uma das principais deficiências da educação moderna é sua falha em encontrar um método adequado para o estudo de nossa própria civilização. A velha educação humanista ensinou tudo o que sabia da civilização da Grécia Antiga e da Roma Antiga, e não muito mais. No século XIX, esse ideal aristocrático e humanista foi gradualmente substituído pelo utilitarismo democrático da educação compulsória via Estado, de um lado, e pelo ideal da especialização científica de outro.

O resultado foi uma anarquia intelectual imperfeitamente controlada pelos métodos rudimentares do sistema de exames e recompensas conforme os resultados. A cabeça do estudante é sobrecarregada e atordoada com o volume de novos conhecimentos acumulados pelo trabalho dos especialistas, e a necessidade de usar a educação como trampolim para uma carreira lucrativa deixa-o com pouco tempo para parar e refletir. E o mesmo acontece com o professor, que se tornou uma espécie de funcionário público amarrado a uma rotina sobre a qual tem pouco controle.

A antiga educação humanista, com todas as suas limitações e omissões, tinha algo que a educação moderna perdeu. Ela possuía uma inteligibilidade formal, pois a cultura clássica que estudava era vista como um todo, não apenas em suas manifestações literárias mas também em sua estrutura social e seu desenvolvimento histórico. À educação moderna falta essa unidade formal, pois nunca procurou estudar a civilização moderna com o cuidado e a seriedade que a educação humanista devotou à cultura clássica. Portanto a bagagem comum da cultura humanista se perdeu, e a educação moderna identifica seu objetivo nas especializações que competem entre si.

É na América que essa tendência centrífuga da educação moderna chegou ao desenvolvimento mais extremo, e é onde tentativas estão sendo feitas para encontrar a cura da doença. Exemplos típicos desse movimento podem ser vistos no curso Introdução ao Estudo da Civilização Ocidental, da Universidade Colúmbia, similar aos programas de Grandes Livros de Princeton e Annapolis. Também podemos mencionar as propostas do Dr. A. E. Bestor para o estudo da civilização americana como um fundamento da educação liberal, contemplado no capítulo final de seu livro *Educational Wastelands* (1953). Todos esses programas se preocupam, de um jeito ou de outro, com o estudo da cultura ocidental como uma unidade inteligível. Eles aceitam a situação vigente de estudos vocacionais e múltiplas especializações e procuram corrigir essas tendências centrífugas oferecendo aos estudantes uma base cultural comum e a consciência da existência de um mundo de pensamento e atividades culturais que incluem e transcendem cada estudo especializado.

Embora os cursos sejam devotados à civilização ocidental como um todo, a esmagadora maioria do material moderno utilizado é fornecido por cinco países — Inglaterra, Estados Unidos, França, Alemanha e Itália. Por mais que uma mudança na distribuição fizesse mais justiça à contribuição de nações menores à cultura europeia, isso faria bem pouca diferença quanto ao caráter geral do todo. Pois os eixos principais da civilização ocidental são tão intimamente entrelaçados que todos se encontram representados em cada uma de suas inúmeras partes.

Essa unidade orgânica da cultura ocidental é tão forte que até mesmo o desenvolvimento moderno do nacionalismo extremista foi incapaz de efetivamente criar qualquer autarquia cultural e espiritual. De fato, se ultrapassam determinado ponto nessa direção, os extremismos se revelam fatais para a existência da própria cultura nacional, como demonstrou o catastrófico desenvolvimento do nacional-socialismo na Alemanha. Cada grande movimento na história da civilização ocidental, da era carolíngia ao século XIX, foi um movimento internacional que deveu sua existência e sua evolução à cooperação entre muitos povos.

O Estado nacional unitário, que desempenhou papel tão grande na história moderna, é sem dúvida uma instituição caracteristicamente europeia. Mas ele representa apenas um aspecto da civilização ocidental. Na outra ponta, ainda persiste a antiga tradição de cooperação entre cidades, instituições e indivíduos. Isso existe desde antes que o Estado unitário nem sequer era cogitado, e ainda sobrevive na medida em que a tradição europeia da religião e da ciência preserva a sua vitalidade. O intercâmbio entre o Mediterrâneo e o norte, ou entre o Atlântico e a Europa Central, nunca foi apenas econômico ou político; ele significava também a troca de conhecimentos, ideias, influência de instituições sociais e artísticas e formas literárias. A concepção de uma comunidade cultural do Ocidente não é uma ideia nova. Ela sempre foi aceita, de uma forma ou de outra, como um fato da experiência diária e um axioma do pensamento histórico.

Sem dúvida, houve grandes divergências de opinião quanto à natureza dessa comunidade; isso tampouco é uma surpresa, pois, qualquer que seja a sua natureza, a unidade da civilização ocidental não é algo simples. Em contraste com a simplicidade monolítica das grandes culturas orientais, a civilização do Ocidente é como uma catedral gótica, um complexo mecanismo de pressões conflituosas que alcança sua unidade pelo dinâmico equilíbrio entre aceleração e desaceleração.

As duas grandes tradições que mais contribuíram para o desenvolvimento da civilização ocidental – a herança da cultura clássica e a religião cristã – produziram sempre tensão interna no espírito da nossa cultura, explicitada no conflito entre os ideais radicais do ascetismo transcendente e o humanismo secular. Contudo, a coexistência desses elementos foi uma condição essencial para o desenvolvimento do Ocidente, algo que inspirou todas as grandes realizações da nossa cultura. Mas há, também, um terceiro elemento, ignorado ou subestimado no passado, que alcançou total consciência e expressão intelectual só no decorrer dos dois últimos séculos.

Esse terceiro elemento é a própria tradição autóctone dos povos do Ocidente, algo distinto do que receberam de seus professores e mestres: o dote original do homem ocidental, que ele obtém de um remoto passado pré-histórico, está enraizado no solo da Europa e encontra expressão em suas línguas, quando não em suas literaturas. Esse foi o fator ressaltado, de formas frequentemente unilaterais e exageradas, pelo culto moderno do nacionalismo, movimento que ressuscitou línguas esquecidas e recriou povos submersos. Ele não só mudou o mapa da Europa como teve efeito revolucionário na educação e na literatura europeias.

Mesmo se considerarmos o nacionalismo moderno como subversivo para a unidade da cultura ocidental, mesmo se aceitarmos os dizeres do grande poeta austríaco para quem "o caminho da cultura moderna leva da humanidade à nacionalidade, e desta à bestialidade",[1] devemos admitir sua importância como produto característico do desenvolvimento do Ocidente e um fator vital na história moderna. Tampouco sua importância é restrita à Europa, pois se mostrou capaz de se adaptar e ser transmitido para povos não europeus, tornando-se um movimento global que ameaça destruir a hegemonia da civilização ocidental.

Era a crença do Iluminismo que a civilização ocidental estava destinada a se expandir mediante a progressiva influência da ciência e do comércio e dos ideais humanitários até se tornar uma civilização verdadeiramente mundial, de tal modo que, no futuro distante, nossos descendentes pudessem esperar para ver "o Parlamento do Homem, a Federação do Mundo". Este não é um ideal ignóbil, e ainda comanda a aliança dos elementos esclarecidos da democracia ocidental. Mas, embora tenhamos concretizado o Parlamento do Homem e a Federação do Mundo na forma das Nações Unidas, não temos uma civilização mundial, e a existência da própria civilização ocidental está em discussão.

O idealismo sublimado do Iluminismo e o espírito da Liga das Nações e da Carta das Nações Unidas não se mostraram fortes o bastante para controlar o dinamismo agressivo do nacionalismo. A nova espécie de política, como vimos no fascismo e como vemos hoje no comunismo, é uma técnica de violência organizada que pode ser direcionada por uma vontade de poder fria e realista, mas deve sua força motriz às potências cegas e inconscientes da agressividade racial e do ressentimento social.

Não há dúvida de que, no passado, a civilização ocidental foi repleta de guerras e revoluções, e os elementos nacionais da nossa cultura, mesmo quando ignorados, sempre proporcionaram uma força motriz de paixão e autoafirmação

---

[1] A frase é de Franz Grillparzer (1791-1872), conhecido sobretudo por sua obra dramatúrgica. (N. T.)

agressiva. Mas, então, esses elementos foram mantidos sob controle pelas fidelidades espirituais comuns e pela disciplina de uma tradição intelectual objetiva. De fato, a história da cultura ocidental foi a história de uma progressiva "civilização" da energia bárbara do homem ocidental e da progressiva subordinação da natureza ao propósito humano, sob a influência dupla da ética cristã e da razão científica. Acima de tudo, nenhuma outra cultura no mundo devotou tanta atenção ao problema do poder político e aos princípios morais da ação política quanto a ocidental. Isso foi debatido por muitos séculos por Dante e Santo Tomás, Maquiavel e Bodin, Hobbes e Harrington, Locke e Burke, Montesquieu e Rousseau, Hegel e Mill, Maistre e Proudhon.

Essa liberdade de discussão política do mais alto nível é algo que a civilização ocidental tem em comum com a Antiguidade clássica, mas com ninguém mais. Ela pressupõe a existência de um corpo internacional de opinião instruída que não é criação do estado, livre para discutir os princípios sociais e políticos supremos em uma atmosfera de relativa imparcialidade. Mas o nacionalismo moderno não deixa espaço para a imparcialidade científica. Ele pega o máximo que consegue do tesouro comum da cultura europeia e rejeita com hostilidade e desprezo tudo o que não pode reivindicar como seu. Ele divide a república das letras com uma guerra civil de propagandas rivais tão impiedosa e inescrupulosa quanto as guerras civis sempre foram. Ao mesmo tempo, o Estado se municiou com os novos armamentos da guerra psicológica, da sugestão das massas e da desintegração, o que ameaça a humanidade com uma tirania espiritual mais extraordinária do que qualquer outra coisa que o mundo tenha conhecido até agora.

Essas tendências são igualmente fatais para a unidade da civilização ocidental e para a criação de uma ordem mundial e internacional, tal como prevista nas Cartas da Liga das Nações e das Nações Unidas. O conflito, portanto, não é entre a Europa e outras culturas do mundo. É uma moléstia comum à civilização ocidental em todas as suas formas e em cada um dos continentes. Mas não resta dúvida de que a crise aparece de forma mais aguda na Europa, onde mais de vinte Estados nacionais, incluindo alguns dos mais altamente desenvolvidos militarmente e as maiores potências industriais do mundo, estão aglomerados em uma área menor do que os Estados Unidos. Nessas condições, toda guerra europeia teve as características de uma guerra civil, e a criação de uma ordem internacional não é mais o sonho de políticos idealistas, mas tornou-se uma necessidade prática, sem a qual a Europa não tem esperanças de sobreviver.

A grande questão do presente século é se a civilização ocidental é forte o bastante para criar uma ordem mundial baseada nos princípios do direito internacional e da liberdade pessoal, frutos de toda uma tradição do pensamento político do Ocidente, ou se estamos testemunhando a emergência de uma série de gigantescos e maciços Estados continentais que organizarão o mundo em um número pequeno de esferas de poder exclusivas e antagônicas.

No momento atual, as perspectivas de concretização da segunda alternativa parecem muito ameaçadoras, e a Europa foi tão deteriorada pela guerra e por conflitos políticos que perdeu sua antiga posição de liderança cultural. No entanto, seria arriscado julgar a situação pelo saldo atual de recursos materiais. As forças da civilização ocidental são maiores do que os recursos econômicos e militares dos estados da Europa Ocidental. Uma das maiores potências não europeias, os Estados Unidos estão tão profundamente impregnados com os ideais e tradições ocidentais que a América não pode aceitar a completa desintegração da Europa sem colocar em risco a sua própria existência cultural.

Qualquer que seja o seu futuro político, e por mais sombrias que sejam as perspectivas econômicas, a Europa mantém sua posição histórica de fonte da civilização ocidental, e isso está destinado a influenciar o futuro e também o passado. Por isso, dificilmente é um exagero afirmar que a civilização moderna é a civilização ocidental. Há poucas forças vivas e se movimentando no mundo moderno que não foram desenvolvidas ou transformadas por influência da cultura ocidental.

Logo, é mais importante do que nunca entender a natureza da civilização ocidental e como foi que esse relativamente diminuto grupo de países europeus transformou o resto do mundo e alterou todo o curso da história humana. Daí que um estudo sistemático da civilização ocidental se tornou uma parte necessária da educação, não só na Europa, mas ainda mais nos países não europeus que ainda pertencem a essa tradição civilizacional. Esse estudo também é necessário nas sociedades orientais que estão deixando de ser política e economicamente dependentes do imperialismo ocidental, mas ainda precisam encontrar uma síntese entre suas culturas tradicionais e as novas ideias e os novos modos de vida provenientes do Ocidente.

Mesmo que a tentativa do Ocidente de criar uma ordem internacional e global como uma salvaguarda da paz e da liberdade se mostre uma ilusão e o mundo cair nas sombras da barbárie e uma nova idade das trevas começar, a tarefa permanece.

Pois, nem mesmo a Idade das Trevas que se seguiu à queda do Império Romano destruiu por completo a continuidade da cultura, e isso se deveu ao fato de que um conhecimento elementar da civilização clássica foi preservado e transmitido pelos monges e eruditos, que eram os educadores dos cristãos bárbaros. Sem dúvida, a cultura do mundo antigo era mais facilmente transmissível do que a nossa por ser infinitamente mais simples e por ter atrás de si as fortes tradições unitárias do Império Romano e da Igreja cristã. No entanto, nem mesmo a nossa complexa e multifacetada civilização é inteiramente disforme. Ela possui uma tradição intelectual que é capaz de ser formulada e transmitida tanto quanto a cultura clássica. Como isso pode ser feito, e da melhor forma possível, é o maior problema da educação moderna, e estamos distantes de encontrar uma solução. Sob certos aspectos, talvez seja mais fácil se aproximar do problema na América do que na Europa, não só porque o Novo Mundo é capaz de colocar em perspectiva as realizações da Europa, mas, também, porque há, do ponto de vista americano, uma clara e inteligível relação entre as histórias dos Estados Unidos e da Europa como um todo. Não é esse o caso no continente europeu. O estudante começa com uma tradição nacional em particular e é envolvido por um estudo do padrão intrincado de conflituosas tradições nacionais antes que esteja plenamente consciente da existência ou da natureza da civilização europeia como um todo orgânico.

Nos Estados Unidos, contudo, há um consenso de que a nacionalidade fornece uma base muito estreita para o estudo histórico e, consequentemente, há uma tendência geral rumo a uma alternativa mais abrangente. Mas quais são as alternativas? A história mundial ou o estudo da civilização em geral é algo muito vasto para ser contemplado, ainda que superficialmente, em um curso de dois ou três anos. Se adotarmos o conceito do Dr. Toynbee de que a verdadeira unidade da história é a civilização, então a civilização ocidental é o óbvio objeto de estudo. Mas, como o próprio Dr. Toynbee demonstrou, a civilização ocidental é inseparável da civilização cristã, e esta é a unidade mais fundamental e inteligível. Ao estudar a cultura cristã em suas diversas formas, somos levados a compreender a civilização ocidental de dentro para fora, ao passo que é muito mais difícil alcançar um estudo unitário se começarmos com a multiplicidade centrífuga da civilização ocidental e tentarmos descobrir seu princípio ou unidade de fora para dentro. Mas, se começarmos nosso estudo com a cultura cristã, nós imediatamente descobriremos as fontes dos valores morais da cultura ocidental, bem como as fontes das tradições intelectuais que determinaram o curso da educação no Ocidente.

Pois, como escrevi em outro lugar:

> A atividade da mente ocidental, que se manifesta tanto na invenção científica e técnica quanto na descoberta geográfica, não foi a herança natural de um tipo biológico particular; foi o resultado de um longo processo de educação que mudou gradualmente a orientação do pensamento humano e ampliou as possibilidades da ação social. Nesse processo, o fator vital não foi o poder agressivo dos conquistadores e capitalistas, mas o alargamento da capacidade da inteligência humana e o desenvolvimento de novas espécies de gênios criativos e habilidades.[2]

---

[2] *Religion and the Rise of Western Culture*, 1950, p. 10.

10
A importância do estudo da cultura cristã

À primeira vista, pode parecer surpreendente que haja alguma necessidade de discutir o estudo da cultura cristã, ao menos entre educadores católicos, pois seria de se esperar que toda a questão já tivesse sido discutida à exaustão anos atrás e não houvesse mais espaço para qualquer divergência de opinião. Mas, a bem da verdade, isso está longe de ser o caso, e quanto mais nos detemos sobre o tema, mais nos impressionamos com a imprecisão e a falta de convicção da opinião instruída nessa matéria e a ausência de qualquer doutrina ou política educacional aceitável.

Sem dúvida, a situação em todos os países de língua inglesa é essencialmente distinta da situação na Europa católica, onde a Igreja preservou posição privilegiada nas questões educacionais ou, o que é mais frequente, viu-se forçada a resistir à pressão de um regime anticlerical ou "laico". Os católicos dos países de língua inglesa, tanto na Inglaterra quanto na América ou na Austrália, não tiveram de enfrentar o tipo continental de anticlericalismo político, mas, por outro lado, eles não têm uma posição privilegiada e nenhuma instituição educacional publicamente estabelecida. Eles tiveram de erigir todo o sistema educacional de baixo para cima, e com seus próprios e escassos recursos. Então, o maior problema da educação católica nesses países é o da escola primária – como assegurar o mínimo necessário de instrução religiosa para as crianças.

A urgência dessa questão relegou todos os problemas do ensino superior ao segundo plano. Os católicos acham que, se puderem salvar as escolas, as universidades saberão se cuidar. E, de fato, elas têm feito isso, até certo ponto. Os católicos conseguiram se adaptar de forma razoavelmente bem-sucedida aos sistemas de ensino superior da Inglaterra e dos Estados Unidos. Mesmo assim, é uma questão de adaptação a um sistema externo, e há poucas oportunidades para decidir qual deveria ser a natureza do ensino superior ou criar seu próprio currículo de estudos.

Tudo isso é comparativamente simples. Mas é muito mais difícil explicar a situação no passado, quando a Igreja dominava todo o sistema educacional – escolas, faculdades e universidades – e determinava todo o curso do ensino superior. Claro que alguém poderia esperar que o estudo da cultura cristã teria formado as bases para o ensino superior, e que os fundamentos de uma tradição educacional teriam sido lançados, dominando a educação cristã desde então. Mas, o que de fato aconteceu foi que, por séculos, a educação superior tem sido tão identificada com o estudo de uma cultura histórica em particular – da Grécia ou Roma Antiga – que não sobrou espaço para mais nada. Até mesmo o estudo de nossa cultura nacional, incluindo história e literatura, não obteve pleno reconhecimento até o final do século XIX, ao passo que o conceito de cultura cristã como objeto de estudo nunca foi reconhecido de forma alguma.

O grande obstáculo a esse estudo não foram preconceitos religiosos ou seculares, mas estritamente culturais. Eles têm sua origem na idealização da Antiguidade clássica pelos eruditos e artistas humanistas dos séculos XV e XVI. E decorreu desta concepção a ideia de que o período entre a queda de Roma e o Renascimento oferece ao historiador, como disse Voltaire, "a árida perspectiva de mil anos de estupidez e barbárie". Tal período foi a "idade média" no sentido original da expressão – qual seja, uma espécie de vácuo cultural entre duas eras de realizações culturais que (para continuar com a mesma citação) "justificam a grandeza do espírito humano".

Essa visão, que forçosamente ignora as conquistas e até mesmo a existência da cultura cristã, foi transmitida quase sem alterações do Renascimento para o Iluminismo do século XVIII, e deste para as ideologias seculares modernas. E, embora hoje toda pessoa instruída reconheça que isso se baseia em uma visão completamente errônea da história e, em grande parte, em franca ignorância histórica, ela ainda continua a exercer enorme influência, consciente e inconscientemente, na educação moderna e em nossa atitude para com o passado.

Portanto, é necessário que os educadores façam um esforço positivo para exorcizar o fantasma desse erro ancestral e dar ao estudo da cultura cristã o lugar que ele merece na educação moderna. Não podemos deixar isso apenas para os medievalistas, pois eles próprios estão, até certo ponto, atados ao erro pelas limitações de sua especialização. Cultura cristã não é o mesmo que cultura medieval. Ela existia antes que a Idade Média começasse e continuou a existir depois que ela acabou. Não podemos entender a cultura medieval a menos que estudemos suas origens na época dos Padres e do Império Cristão, e não podemos entender as literaturas clássicas vernáculas da Europa pós-Renascimento, a menos que estudemos suas raízes na cultura medieval. Nem mesmo o próprio Renascimento, como Conrad Burbach e E. R. Curtius mostraram, é inteligível, a menos que seja estudado como parte de um movimento cujas origens remontam à Idade Média.

Além disso, parece que o momento é propício a uma nova abordagem do tema, uma vez que nosso sistema educacional – e não apenas em um país, mas em todo o mundo ocidental – está passando por um período de mudança rápida e fundamental. O antigo predomínio do humanismo clássico se foi e nada tomou seu lugar, exceto as especialidades científicas que não proporcionam educação intelectual completa e tendem a degenerar em tecnologias. Todo educador reconhece que isso é insatisfatório. O especialista científico ou o tecnólogo não é pessoa instruída. Ele tende a se tornar um mero instrumento para o industrial ou o burocrata, uma formiga operária em uma sociedade de insetos, e o mesmo vale para o especialista em literatura, embora sua função social seja menos óbvia.

Nem mesmo os totalitários aceitam essa solução; pelo contrário, eles insistem veementemente na importância do elemento cultural na educação, ainda que seu ideal de cultura seja nacionalista e racial, como no caso dos nazistas, ou cosmopolita e proletário, como no caso dos comunistas. Sem dúvida, do nosso ponto de vista, essa cultura totalitária significa a doutrinação forçada do cientista e do trabalhador pela mesma ideologia partidária estreita, mas, pelo menos, ela oferece um remédio simples para os efeitos desagregadores da especialização moderna e dá um propósito único ao sistema educacional como um todo.

Deus permita que não tentemos solucionar nossos problemas educacionais desta forma, impondo uma ideologia política obrigatória sobre o professor e o cientista! Mas não podemos evitar esse mal ficando parados e permitindo que a educação superior degenere em um caos de especialidades concorrentes e sem nenhuma orientação para o estudante, exceto pela necessidade prática de encontrar trabalho e ganhar a vida tão logo esteja formado. Essa combinação de utilitarismo e especialização não é fatal apenas para a educação liberal mas também uma das principais causas da desintegração da cultura ocidental moderna diante das ameaças agressivas do nacionalismo totalitário e do comunismo.

Um pouco de educação cultural será necessária se a cultura ocidental quiser sobreviver, mas não podemos mais confiar exclusivamente na tradicional disciplina do humanismo clássico, embora ele seja a fonte do que havia de melhor na tradição do liberalismo e da ciência ocidentais. Pois não podemos ignorar a realidade da situação – o declínio progressivo da grande tradição do humanismo, a quantidade cada vez menor de estudiosos dos clássicos e o desenvolvimento de um vasto sistema nacional de educação profissionalizante que nada tem em comum com a antiga cultura clássica.

No entanto, o declínio dos estudos clássicos não resulta necessariamente no declínio da própria educação liberal. Na América, as faculdades de artes liberais ainda mantêm seu prestígio, e educadores locais continuam a defender os ideais da educação liberal. Mas ainda não há consenso de uma possível recuperação da unidade perdida da educação humanista. As faculdades de artes liberais tendem a se fragmentar com o número crescente de matérias até se tornar uma coleção amorfa de cursos alternativos. É para remediar esse estado de coisas que os educadores americanos introduziram ou propuseram um estudo integrado da nossa cultura, o qual forneceria um contexto intelectual comum para os estudantes das artes liberais.

O problema para os católicos é, de certo modo, diferente. Eles nunca perderam totalmente de vista os ideais medievais de ordem e hierarquia do conhecimento e da integração dos estudos desde o alto, mediante um princípio espiritual mais elevado. Em outras palavras, os católicos têm uma teologia comum e uma filosofia comum – as disciplinas unitivas que faltam ao moderno sistema secular de ensino superior. Porém, a despeito da enorme vantagem, não se pode afirmar que a universidade católica resolveu o problema da educação superior moderna ou que sobressai como brilhante exceção no caos educacional do resto do mundo. Pois as faculdades católicas de artes liberais sofrem das mesmíssimas fragilidades que as seculares. Elas perdem terreno externamente, em relação às outras faculdades do meio universitário, e se fragmentam internamente com a multiplicidade de diferentes estudos e cursos. E a razão disso é que a educação católica não sofreu menos – talvez tenha sofrido mais – do que a educação secular com o declínio dos estudos clássicos e perda da antiga cultura humanista. Eles eram a pedra angular de toda a estrutura educacional; uma vez removida, os estudos superiores de teologia e filosofia se separaram do mundo dos estudos especializados e vocacionais, que inevitavelmente absorvem a maior parte do tempo, dinheiro e pessoal da universidade moderna.

Portanto, é de vital importância manter a posição-chave das faculdades de artes liberais na universidade e salvar os cursos de fragmentação maior. E foi com tais objetivos em vista que sugeri o estudo da cultura cristã como instrumento de integração e unidade. Sua função seria muito parecida com a dos cursos gerais de civilização contemporânea, civilização ocidental ou cultura americana que, na verdade, já estão em vigor em algumas universidades não católicas. De fato, é a mesma coisa adaptada às necessidades do ensino superior católico. Pois, se estudarmos a cultura ocidental à luz da teologia e da filosofia católicas, estaremos, na verdade, estudando a cultura cristã ou um aspecto dela. Acredito que o estudo da cultura cristã é o elo perdido que é imprescindível recuperar se a tradição da educação e cultura ocidental quiser sobreviver, pois é somente através desse estudo que podemos entender como a cultura ocidental veio a existir e quais são os valores essenciais que ela representa.

Não vejo razão para supor, como argumentaram alguns, que um estudo dessa natureza teria efeito limitador na mente do estudante. Ao contrário, é um estudo eminentemente liberal e liberador, posto que nos mostra como relacionar a nossa própria experiência social contemporânea com as perspectivas mais abrangentes da história universal. Afinal de contas, a cultura cristã não é motivo de vergonha. Ela não é uma tradição estreita e sectária. Ela é uma das quatro grandes civilizações históricas sobre as quais se assenta o mundo moderno. Se a educação moderna falha em transmitir algum entendimento acerca dessa grande tradição, ela falha em uma de suas tarefas mais essenciais. Pois a pessoa instruída não pode desempenhar a contento o seu papel na vida moderna, a menos que tenha noção clara da natureza das conquistas da cultura cristã: como a civilização ocidental se tornou cristã, o quanto ainda é, e em quais sentidos deixou de sê-lo – em resumo, um conhecimento das nossas raízes e dos duradouros elementos cristãos da cultura ocidental.

Quando falo em cultura ocidental, não utilizo a expressão no mesmo sentido limitado que Matthew Arnold e os humanistas, que estavam preocupados apenas com o mais alto nível de inteligência erudita, mas no sentido dos antropólogos e historiadores sociais, que a ampliaram para abranger todo o padrão da vida e do pensamento humanos na sociedade. Nesse sentido da expressão, toda cultura é uma unidade histórica definida, mas, como o Dr. Toynbee explica tão claramente na introdução de seu *Study of History*, sua expansão é muito mais ampla no tempo e no espaço do que qualquer unidade puramente política, e constitui, sozinha, um campo inteligível de estudo histórico, uma vez que nenhuma parte dela pode ser compreendida adequadamente se não estiver em relação com o todo.

Por trás da unidade existente da cultura ocidental, temos a unidade mais antiga da cultura cristã, que é a base histórica da nossa civilização. Por mais de mil anos, da conversão do Império Romano até a Reforma, os povos da Europa tiveram plena consciência de seu pertencimento à grande sociedade cristã e aceitavam a fé cristã e a lei moral cristã como o laço supremo de unidade social e como a base espiritual de seu modo de vida. Mesmo depois que a unidade da cristandade foi rompida pela Reforma, a tradição da cultura cristã ainda sobreviveu na cultura e nas instituições dos diversos povos europeus e, em alguns casos, persiste no seio da cultura secularizada, como podemos ver, surpreendentemente, no rito inglês de coroação do monarca.

Por conseguinte, qualquer pessoa que queira entender a nossa própria cultura tal como ela existe hoje não pode dispensar o estudo da cultura cristã, seja ela religiosa ou não. De fato, em certo sentido, esse estudo é mais necessário para o secularista do que para o crente, pois falta ao primeiro a chave ideológica para entender o passado, chave que todo cristão deve ter.

O tema é vasto e poderia ocupar a vida inteira de qualquer erudito de primeira ordem. O mesmo pode ser dito do estudo da civilização ocidental nas universidades seculares, ou mesmo do estudo da cultura clássica do passado. No entanto, isso pode dar ao estudante comum que está saindo para o mundo a fim de ganhar seu sustento na vida profissional um vislumbre das riquezas intelectuais e espirituais de que é herdeiro e às quais pode retornar dali a alguns anos para esclarecimento e revigoramento.

Se a faculdade ou universidade puder ao menos inspirar em seus alunos uma noção de seu patrimônio e um desejo de saber mais a respeito dele, o primeiro e mais importante passo terá sido dado. Sem dúvida, o ensino superior não ignora esta necessidade e fez algumas tentativas para satisfazê-la tanto nas faculdades de artes liberais quanto na pós-graduação. Mas, até aqui, isso foi feito de forma um tanto irregular e fragmentada. O aluno pode estudar uma série de matérias que têm a ver com o tema da cultura cristã ou fazem parte dele, mas nenhuma dessas matérias lhe dará visão abrangente alguma do todo. É necessário, ao que me parece, um estudo da cultura cristã como realidade social – suas origens, desenvolvimento e realizações –, pois isso forneceria um contexto ou arcabouço capaz de incorporar os estudos liberais que, no presente, estão propensos a se fragmentar em especialidades desconexas.

Esse tipo de programa não é apenas um estudo dos clássicos cristãos, nem é, primariamente, um estudo literário. É um estudo cultural no sentido sociológico e histórico, e devotaria mais atenção às instituições sociais e aos valores morais da cultura cristã do que às suas conquistas literárias e artísticas. De fato, a cultura cristã floresceu de novo e de novo na literatura e na arte, e os sucessivos florescimentos são bastante merecedores do nosso estudo. Mas, obviamente, está fora de questão fazer com que o estudante comum de artes estude todos eles. Propor tal coisa, que críticos do estudo da cultura cristã pressupõem ser a minha intenção, é não compreender a natureza do problema. O que precisamos não é de conhecimento enciclopédico de todos os produtos da cultura cristã, mas de um estudo do próprio processo cultural e de suas raízes espirituais e teológicas, de seu crescimento histórico orgânico até os frutos culturais. É a relação orgânica entre teologia, história e cultura que fornece o princípio integrador da educação superior católica e é a única coisa capaz de ocupar o lugar do antigo humanismo clássico, que já desapareceu ou está prestes a desaparecer.

Além disso, se desejamos promover o entendimento religioso e intelectual entre os diferentes grupos religiosos da sociedade americana, a melhor maneira de fazer isso é, por certo, entender e apreciar nossa própria cultura em toda a sua profundidade e extensão. Sem essa completa consciência cultural é impossível interpretar a cultura de alguém para outrem ou compreender os problemas das relações interculturais, problemas de tão incalculável importância para o futuro do mundo moderno.

Não nego que haja grandes obstáculos práticos nesse estudo. Naturalmente, o secularista teme ser usado como instrumento de propaganda religiosa e, por conseguinte, fica ansioso para minimizar a importância do elemento cristão em nossa cultura e exagerar o abismo entre a civilização moderna e a cultura cristã do passado.

O cristão, por sua vez, teme amiúde que o estudo histórico da cultura cristã acabe levando a uma identificação do cristianismo com um sistema social e cultural pertencente a um passado morto. Mas, para o cristão, o passado jamais estará morto, como frequentemente parece ao secularista, uma vez que acreditamos que o passado e o presente estão unidos no Corpo da Igreja, e que os cristãos do passado ainda estão presentes, como testemunhas e ajudantes, na vida presente da Igreja.

Sem dúvida, seria um erro aplicar tal princípio às formas particulares da cultura cristã, condicionadas que são por fatores materiais e limitadas pela mudança das circunstâncias históricas. Porém, assim como há uma relação orgânica entre fé cristã e vida cristã, há também uma relação entre vida cristã e cultura cristã. A relação entre fé e vida só é completa na vida do santo. Mas nunca houve uma sociedade temporal de santos, e a tentativa de criar uma, como na Inglaterra puritana ou em Massachusetts, representa uma perversão sectária da cultura cristã. No entanto, é da própria natureza da fé cristã e da vida cristã penetrar e mudar o ambiente social onde se encontram, e não há aspecto da vida humana que seja mais próximo deste processo de fermentação e transformação. Logo, a cultura cristã é a periferia do círculo cujo centro é a Encarnação, a fé da Igreja e a vida dos santos.

Tudo isso pode ser observado na história. O cristianismo, de fato, veio para o mundo histórico e transformou as sociedades com as quais entrou em contato: primeiro, a sociedade helenista-oriental do Império Romano do Oriente; depois, as sociedades latinas e bárbaras da Europa Ocidental. Daí nasceram duas novas culturas: a cultura bizantina do Oriente e a do cristianismo ocidental, as quais, não obstante sua separação final, compartilham várias características em comum.

Hoje, as duas culturas se encontram secularizadas, mas o processo é tão recente, e mesmo incompleto, que é absolutamente impossível entendê-las em sua forma secularizada sem estudar seu passado cristão.

Infelizmente, ninguém se ocupa em estudar ou ensinar a matéria, e, nas atuais circunstâncias, é extremamente difícil para qualquer pessoa adquirir o conhecimento necessário, mesmo que tenha tempo e energia para tanto. Mas as razões que tornam o estudo do tema tão difícil são as mesmas que, do ponto de vista educacional, contam a seu favor. Elas se devem ao fato de que é uma matéria integradora, que envolve a cooperação entre vários estudos especializados distintos, da mesma forma como o estudo das *Litterae humaniores* no curso *Greats* em Oxford[1] implica a colaboração entre filósofos e historiadores e entre filólogos e críticos literários. Desse modo, o currículo de cultura cristã abarcaria um estudo cooperativo de filosofia cristã, literatura cristã e história cristã.

Em que princípios esse estudo deveria se basear? Devemos reconhecer que a cultura cristã pode ser estudada de duas formas: externamente, como um estudo histórico objetivo da cristandade como uma das quatro grandes civilizações globais em que se assenta o mundo moderno; e de seu interior, como o estudo da história do povo cristão — estudo das formas pelas quais o cristianismo se expressou no pensamento humano, na vida e nas instituições através dos tempos.

---

[1] Na Universidade de Oxford, o curso *Litterae humaniores* (apelidado de *Greats*, "grandes nomes", "maiorais" ou "melhores") é voltado para o estudo dos clássicos greco-latinos. O nome em latim significa algo como "literatura mais humana", distinguindo-se do estudo das "coisas divinas", isto é, a teologia. (N. T.)

A primeira forma é necessária para todo historiador, uma vez que é um aspecto essencial do estudo da civilização mundial. A segunda é necessária para o cristão, pois trata de sua própria história espiritual e dos sucessivos estágios da vida e do pensamento cristãos.

Para propósitos educacionais, ambas as formas de estudo deveriam ser combinadas. O estudante deveria obter um conhecimento geral do desenvolvimento externo da civilização cristã desde o seu princípio até os dias atuais, e isso deveria ser acompanhado de um estudo detalhado da vida, instituições e pensamento cristãos no decorrer de algum período em particular.

O desenvolvimento da cultura cristã passou por seis fases sucessivas ou períodos, cada qual com uma forma ou cultura distinta:

1. Cristianismo primitivo: do século I ao começo do IV. É a época que testemunhou o nascimento da Igreja: a expansão subterrânea do modo de vida cristão sob a superfície de uma civilização pagã e o desenvolvimento de uma sociedade cristã autônoma amplamente espalhada pelas grandes cidades do Império Romano, sobretudo no Mediterrâneo oriental.
2. Cristianismo patrístico: do século IV ao VI. A era da conversão do mundo romano-helenístico e do estabelecimento da cultura romano-cristã ou bizantina.
3. Formação da cristandade ocidental: do século VI ao XI. A época da conversão do norte europeu e da formação da cristandade ocidental através da infiltração gradual da influência cristã nas culturas bárbaras – celta, germânica e eslava. Ao mesmo tempo, grande parte do antigo mundo cristão se perdeu pela ascensão do islã e pelo desenvolvimento de uma nova cultura não cristã.
4. Cristandade medieval: do século XI ao XV. É a época em que a cultura ocidental cristã alcançou plenos desenvolvimento e consciência cultural, criando novas instituições sociais e novas formas de expressão artística e literária.
5. Cristandade dividida: do século XVI ao XVIII. A era do desenvolvimento das culturas nacionais europeias. A despeito dos conflitos religiosos internos

que caracterizaram o período, foi uma época também de expansão, de tal forma que a cultura cristã gradualmente veio a incorporar o Novo Mundo como um todo. Houve também grande esforço, ainda que malsucedido, de propagar o cristianismo da Europa para Índia, China e Japão.

6. Cristandade secularizada: do século XVIII até o presente. No decorrer do período, a cultura ocidental assumiu posição hegemônica no mundo, mas, ao mesmo tempo, deixou de ser cristã, e a antiga estrutura institucional da cultura cristã foi varrida por movimentos revolucionários. No entanto, o cristianismo sobreviveu e a cultura ocidental ainda conserva traços consideráveis de suas origens cristãs. Além disso, a expansão global da cultura ocidental foi acompanhada de uma nova expansão da influência missionária cristã, sobretudo na África e na Austrália.

Cada um desses períodos tem seu próprio caráter específico, que pode ser estudado na arte e na filosofia, na literatura e nas instituições sociais. Mais importantes e características são as formas sucessivas da própria vida religiosa que se manifestam em cada uma das diferentes épocas.

Cronologicamente, este estudo percorre quase o mesmo terreno que os cursos gerais de história da civilização ocidental, mas com um princípio interno de unidade orgânica que lhes falta, e todos os períodos, e cada aspecto de cada período em particular, têm relação orgânica com o todo. Isso é válido sobretudo como um estudo coordenado que nos ajude a entender as semelhanças e diferenças das várias culturas nacionais e regionais por meio da explicação dos fatores comuns que influenciaram todas elas. Instituições comuns à cristandade como um todo, como os mosteiros e a universidade, ou mesmo como a monarquia constitucional e o sistema representativo de governo, não são explicáveis por inteiro no âmbito da história nacional, que usualmente já as estuda. Elas só podem ser compreendidas como parte de uma herança internacional comum da cultura cristã. Da mesma forma, os arquétipos espirituais que formaram o caráter e inspiraram a vida do homem ocidental são de origem cristã, e, por mais que tenham sido colocados em prática de maneira imperfeita, é impossível compreender o padrão de comportamento do homem ocidental sem levá-los em conta.

Nós estudamos ideias políticas em sua relação com a história, embora saibamos que a maioria dos homens jamais é governada por razões puramente ideológicas. Então, devemos estudar ainda mais o elemento religioso da cultura, pois ele afeta a maioria dos homens, do berço ao túmulo, e foi uma influência contínua na cultura ocidental por mais de doze séculos. Ele não foi estudado pelos homens do passado porque para eles tal elemento religioso era tão natural quanto o ar que respiravam. Mas, agora que nossa civilização está se tornando gradativa e predominantemente secular, é necessário e urgente que o estudemos se quisermos entender o nosso passado e a natureza da cultura que herdamos.

11
O estudo da cultura cristã na universidade católica

O estudo da cultura cristã como descrito no capítulo X oferece uma nova abordagem dos três grandes problemas que a educação ocidental enfrenta na atualidade: primeiro, como manter a tradição da educação liberal contra uma pressão crescente da especialização científica e do vocacionalismo pragmático; segundo, como manter a unidade da cultura ocidental contra as forças diluidoras do nacionalismo e do racismo; e terceiro, como preservar a tradição da cultura cristã na era do secularismo.

Os dois primeiros problemas concernem a qualquer universidade ou instituição de ensino superior do Ocidente, mas o terceiro é a principal preocupação das faculdades e universidades católicas, uma vez que foram criadas para esse fim. Para elas, o problema não é apenas cultural, mas religioso, pois a secularização da educação ameaça a própria existência do modo de vida cristão e da comunidade cristã. O sistema tradicional de educação católica remonta à época em que todo e qualquer ensino fundamental era religioso, de tal forma que todos tinham formação comum de instrução religiosa. Hoje, no entanto, a existência de um sistema universal de educação secular fornecido pelo Estado tornou-se necessário para construir toda uma base cultural e de amplo conhecimento geral, caso o povo não queira se afogar na onda de materialismo circundante.

Pois a cultura moderna não é de caráter pluralista, como alguns cientistas sociais presumiram; pelo contrário, ela é mais unitária, uniforme e altamente centralizada e organizada do que qualquer outra cultura que o mundo conheceu até hoje. E a educação moderna foi um dos fatores principais para engendrar essa situação, uma vez que coloca toda a nova geração sob as mesmas influências e ideias durante o período mais impressionável de sua vida. Aqui nos Estados Unidos, as pessoas deviam saber muito bem disso, pois sociólogos americanos como Robert Lynd e David Riesman fizeram mais do que quaisquer outros para descrever e diagnosticar esse estado de coisas.

O problema é que, enquanto a cultura e a sociedade são unitárias, a *religião* é pluralista, sobretudo nos Estados Unidos, e isso torna extremamente difícil para qualquer religião em particular, como o catolicismo, fazer frente à pressão invasiva e esmagadora do "modo de vida comum". Eis por que o problema da cultura cristã é de importância tão fundamental, pois, a menos que sejam capazes de defender suas tradições culturais, os cristãos não conseguirão sobreviver. É necessário demonstrar não só os perigos para os valores humanos inerentes à nossa cultura unitária, mas também os valores positivos da tradição cultural cristã e sua significância universal.

Assim, uma abordagem realista do problema exige, em primeiro lugar e acima de tudo, um claro reconhecimento da contradição e do conflito entre nossa cultura unitária e nossa tradição cristã. Na cultura unitária há pouco espaço para os conceitos fundamentais à visão católica ou cristã – o supranatural, a autoridade espiritual, Deus e a alma –; na verdade, a qualquer noção de transcendência. Então, a menos que os estudantes possam aprender algo da cultura cristã como um todo – o mundo do pensamento cristão, o modo de vida cristão e as normas da comunidade cristã –, eles serão colocados em posição de estranhamento cultural – a inferioridade social do gueto sem a antiga autocontenção e autossuficiência.

Para estar à altura dessa situação, é preciso tornar os estudantes conscientes da relatividade da cultura. Hoje, não menos do que no passado, o homem sem instrução aceita a cultura em que vive como absoluta. É necessário um volume considerável de estudo e imaginação para entender a diferença entre culturas e a existência e o valor de outros modos de vida que divergem do padrão dominante.

Nesse ponto, a posição da moderna educação americana é bastante paradoxal. Por um lado, como afirmei no começo do capítulo, a tendência dominante da sociedade americana é a conformidade social, e a educação pública fortaleceu essa tendência com sua atitude acrítica para com o "modo de vida americano" e para com a ideologia democrática atual. Por outro lado, os americanos tiveram oportunidades excepcionais de entender a diversidade cultural, graças não só às diferenças de suas próprias origens mas também pelo fato de que, desde o começo de sua história, eles entraram em contato com povos nativos que adotavam modos de vida completamente diferentes. Foram os antropólogos americanos que abriram caminho para o estudo desses diferentes modos de vida, e acredito que foram também os primeiros a formular o conceito de *cultura* como o objeto fundamental do estudo científico social.

Esse conceito foi definido por Margaret Mead como "abstração do corpo de comportamentos adquiridos que um grupo de pessoas que compartilham da mesma tradição transmite por inteiro aos seus filhos e em parte aos imigrantes que se tornam membros da sociedade. Isso engloba não só as artes, ciências, religiões e filosofias às quais o termo 'cultura' foi historicamente aplicado mas também os sistemas de tecnologia, práticas políticas, pequenos hábitos da vida diária, tais como a forma de preparar e comer o alimento, ou de embalar a criança até que ela durma, bem como o método de eleger um primeiro-ministro ou alterar a Constituição".[1] E ela prossegue dizendo que a experiência dos antropólogos demonstrou que tudo isso corresponde a um todo, de tal modo que qualquer mudança em uma das partes será acompanhada de mudanças em outras partes.

É óbvio que esse conceito de cultura não se restringe às sociedades primitivas com as quais os antropólogos estão mais preocupados. Ele é igualmente aplicável a todas as sociedades históricas, embora seu estudo tenha sido dividido entre várias disciplinas acadêmicas. Assim, o estudo das sociedades primitivas é a área dos antropólogos, o das sociedades modernas é geralmente chamado de sociologia, e o das sociedades letradas do passado é o campo dos historiadores, embora em cada um desses casos seja a cultura de determinada sociedade o objeto central de estudo. Isso é menos evidente no caso da história, em virtude das complicações introduzidas pela larga extensão das sociedades civilizadas e

---

[1] *Cultural Patterns and Technical Change.* New York, Mentor Books, 1955, p. 12-13.

das oportunidades de contato cultural e conflito. O antropólogo pode estudar a cultura de uma tribo primitiva como um todo isolado, mas o historiador pode ter de lidar com um conjunto de culturas relacionadas, ampliando da região para a nação, e da nação para a civilização.

É óbvio que a civilização, que, nas palavras de Arnold Toynbee, é a entidade que forma o mais alto campo de estudo inteligível e talvez seja quase global em extensão, é algo bem diferente do átomo cultural isolado que é uma sociedade primitiva. Ela pode ser descrita como uma *supercultura*, uma vez que pode dominar e absorver muitas unidades culturais primárias. No entanto, ela se assemelha à cultura primitiva na medida em que é também um *modo de vida*: tem valores comuns, padrões de conduta comuns e regras comuns de comportamento, e tudo isso contribui para a formação daquela ordem moral comum – a essência da unidade cultural.

Essa definição de cultura como essencialmente uma ordem moral deveria se mostrar igualmente aceitável para o antropólogo social, o historiador e o teólogo. Pois ela inclui, de um lado, o conceito sociológico dos costumes e tradições que tanto influenciou a antropologia social americana, e de outro, a ideia de uma comunidade espiritual, uma comunidade de valores morais e ideais que explicam a unidade religiosa ou ideológica das grandes civilizações mundiais. Além disso, ela nos permitirá estudar as manifestações espirituais e intelectuais de determinada cultura como uma expressão de seus valores fundamentais, como os antropólogos reconhecem em seu estudo da religião dos *pueblos* e do teatro *orokolo*, e assim por diante. Quanto mais elevada é a cultura, mais importantes são seus elementos intelectuais e espirituais, de tal forma que os dois usos da palavra *cultura* se tornam quase indistinguíveis, isto é, a cultura clássica no sentido humanista é uma parte do estudo da cultura greco-romana no sentido sociológico e no antropológico. Sem dúvida, isso provoca grandes complicações, mas o estudo das culturas mais elevadas é questão inevitavelmente complicada.

As grandes culturas mundiais, como China, Índia e islã, são exemplos clássicos de tal ordem moral. Cada uma delas tem, ou tinha, uma lei sagrada e um sistema de valores nos quais se baseava a vida social.

Hoje, o mundo ocidental não tem mais esse princípio de ordem moral. Ele se tornou tão profundamente secularizado que não reconhece mais nenhum sistema comum de valores espirituais, ao passo que os filósofos tendem a isolar o conceito moral de seu contexto cultural e tentam criar um sistema abstrato e subjetivo de ética pura. Se isso é só isso, devemos forçosamente concluir que a moderna sociedade ocidental não tem uma civilização, mas apenas uma ordem tecnológica apoiada em um vácuo moral.

Mas a sociedade ocidental herdou a tradição de uma das maiores civilizações do mundo, e, na medida em que esse laço ainda for reconhecido, nós continuamos civilizados e ainda será possível restaurar a ordem moral mediante o retorno aos princípios espirituais em que nossa civilização cristã se baseia.

Demonstramos, em capítulos anteriores deste livro, que a função essencial da educação é a "enculturação" ou transmissão da tradição da cultura, e assim parece claro que a universidade cristã deve ser a pedra angular em qualquer tentativa de reconstruir a ordem da civilização ocidental. Para libertar a mente de sua dependência dos padrões conformistas da moderna sociedade secular, é necessário enxergar a situação cultural como um todo e o modo de vida cristão não como uma série de preceitos impostos pela autoridade eclesiástica, mas como um cosmos de relações espirituais que abrange o céu e a terra e une a ordem da vida social e moral com a ordem da graça divina.

A cultura cristã é o modo de vida cristão. Assim como a Igreja é a extensão da Encarnação, a cultura cristã é a personificação do cristianismo em instituições sociais e padrões de vida e comportamento. É da natureza do cristianismo agir como um fermento no mundo e transformar a natureza humana mediante um novo princípio de vida divina.

O historiador da cultura cristã estuda esse processo de fermentação no plano sociológico. Ele se interessa menos pela natureza interior da vida cristã, e mais pela sua expressão exterior. Não que os dois possam ser completamente separados, não mais do que podemos separar a liturgia do espírito da prece ou dos sacramentos. Pois a cultura cristã é sacramental e litúrgica, como vemos tão claramente na história da arte cristã.

Por outro lado, o estudante da cultura cristã se interessa também pelo material humano que se sujeita ao processo de fermentação. E esse material já tem forma cultural, de tal modo que o estudante é obrigado a estudar também as culturas pré-cristãs ou não cristãs com as quais ela se misturou. Assim, há três níveis ou campos de estudo: (1) o modo de vida cristão, que é o campo de estudo que ele compartilha com o historiador; (2) as formas preexistentes ou coexistentes da cultura humana, campo que compartilha com o antropólogo e com o historiador; e (3) a interação dos dois campos anteriores, que produz a realidade histórica concreta da cristandade ou da cultura cristã, seu campo específico de estudo.

A cristandade, realidade histórica da cultura cristã como movimento mundial, foi criada pela conversão da cultura helenístico-romana para o cristianismo e sua difusão para os povos do Ocidente. Para usar minha terminologia, era uma "supercultura" que absorveu e sobrepôs um grande número de culturas de graus variados de importância. No decurso das eras, ela passou por vários estágios e influenciou o desenvolvimento de muitos povos diferentes. Ela herdou a sabedoria sagrada dos hebreus, a sabedoria dos gregos e a lei de Roma, e as ligou em uma nova unidade. Ela criou novos ideais espirituais, novas filosofias, novas artes e novas instituições sociais. Mas, no decorrer da história, ela preservou a unidade da fé cristã e a comunidade do povo cristão.

A educação cristã atual é o que carrega essa tradição milenar e tem todos os tesouros de 3 mil anos de criatividade espiritual. Mas ela existe porque tolerada, por assim dizer, no seio de uma ordem predominantemente não cristã. Ela deve encontrar outros canais de expressão nesse novo mundo e uma abordagem inédita junto aos povos neófitos que não partilham da tradição comum do passado cristão, mas foram forçados, a torto e a direito, a participar da ordem tecnológica e da confusão moral do mundo moderno.

Em um terço do mundo, a educação cristã foi proscrita por uma ideologia totalitária excludente; em outro, é vista com desconfiança como o órgão do colonialismo e do imperialismo ocidentais. No terço restante, ainda é livre para operar, mas, como eu disse, tolerada como o passatempo antiquado de uma minoria desprivilegiada. Nestas circunstâncias, o erudito católico pode optar por ignorar a cultura secular que o cerca e concentrar toda a sua atenção na cultura cristã do passado, quando a vida era integralmente governada por princípios religiosos, e a arte, a arquitetura e a filosofia existiam para servir à Igreja. Mas, se fizer isso, ele criará uma espécie de gueto cristão, de tal forma que a universidade católica se assemelhará às escolas talmúdicas (*Yeshivot*)[2] da Polônia do século XIX, onde o estudante era completamente absorvido pela sagrada tradição judaica, sem nenhum contato com o mundo gentio no qual vivia.

Por outro lado, a necessidade de competir de forma exitosa com a educação secular dominante pode levá-lo a sacrificar o estudo da cultura cristã ao currículo moderno de estudos, de tal modo que a universidade católica venha a fornecer apenas um sistema alternativo de educação secular com rótulo denominacional. Eis uma solução absurda, pois a única justificativa para uma educação minoritária é que a minoria tenha algo de valor a transmitir que não seja encontrado em outro lugar. No caso da educação cristã, deveria ser desnecessário insistir neste ponto, uma vez que ninguém pode questionar a importância do ensino cristão para cristãos ou a relevância histórica da cultura cristã como influência formadora no desenvolvimento da civilização ocidental.

A despeito disso, é possível encontrar uma indiferença generalizada pelo tema que não é restrita aos que são abertamente hostis ao cristianismo. Pessoas instruídas, relativamente bem informadas sobre história, literatura e arte, são, com frequência, assombrosamente ignorantes da religião à qual declaram pertencer. E isso é ainda mais surpreendente quando um sério esforço é feito nas universidades ocidentais para compreender religiões e culturas do mundo não europeu.

Se o processo continuar sem controle, isso resultará na assunção de inferioridade cultural por parte do homem ocidental. Ele se tornará mais consciente dos valores espirituais de outras culturas enquanto considera a cultura ocidental como uma ordem tecnológica sem valores morais ou fundamentos espirituais.

---

[2] *Yeshivot* é o plural de *Yeshivá*, que em hebraico significa literalmente "assento". O nome se refere às instituições judaicas em que se dá o estudo dos textos religiosos tradicionais, sobretudo o Talmude e a Torá. Em geral, são escolas ligadas ao judaísmo ortodoxo, seja moderno, seja ultraortodoxo. (N. T.)

É vital para a sobrevivência do Ocidente que recuperemos alguma noção dos nossos valores morais e algum conhecimento da tradição espiritual da cultura cristã ocidental. O caminho é a educação, sobretudo tornar o estudo da cultura cristã uma parte essencial do nosso sistema educacional, o qual, em teoria, é orientado justamente para esse fim. Isso é importante também para os não católicos, pois eles são herdeiros da mesma tradição cultural, embora, talvez, não tenham mais consciência da relevância dessa tradição para a crise atual da sociedade ocidental, que se encontra sob a pressão externa das ideologias totalitárias e das forças diluidoras do materialismo secularista.

O que se faz necessário é o realinhamento do ensino superior com o conceito de cultura cristã como um fator essencial – um novo sistema de estudos humanistas orientados para a cultura cristã, em detrimento da cultura clássica à moda antiga ou da cultura secular ocidental à moda atual.

Como isso será conciliado, de um lado, com a tradicional primazia dos estudos clássicos e, de outro, com as insistentes reivindicações da ciência e da tecnologia modernas e do treinamento vocacional, sem falar no estudo da história, literatura e política contemporâneas?

Claro que ele não deve ser exclusivo. Nenhuma educação superior pode ser completa sem isso, mas não faz sentido perpetrar uma limpeza completa dos currículos existentes e limitar o aluno ao estudo do passado cristão. É uma questão de ajuste que deve ser resolvida de maneiras diferentes em lugares diferentes, de acordo com as necessidades e oportunidades de cada sociedade e instituição em particular.

A situação não é diferente da que as universidades não católicas enfrentam ao tentar combinar um estudo geral da "civilização ocidental" com os estudos específicos de algum aluno em particular, e os mesmos métodos podem ser aplicados ao estudo da cultura cristã. Além disso, deve ser possível oferecer diferentes cursos de cultura cristã apropriados às diferentes matérias em andamento; desse modo, o curso seria orientado para a literatura, história, arte, clássicos, filosofia, teologia ou educação. Alternativamente, podemos conceber o estudo da cultura cristã como uma área em um instituto especial em nível de pós-graduação. Ou ele pode ser oferecido como uma área concentrada nos alunos dos últimos anos de graduação. Neste caso, ele seria coordenado com a preparação vocacional do discente, de modo que o levasse, por exemplo, ao ensino em nível médio ou universitário ou a uma pós-graduação em direito.

O planejamento de um currículo desses deve ser tarefa cooperativa: toda a questão deve ser discutida por um comitê de especialistas, como os que planejam o currículo dos Grandes Livros ou o curso de civilização contemporânea na Universidade Colúmbia. Isso pode ser feito apenas por quem conhece as condições das universidades americanas: o que os alunos são capazes de assimilar e quais são os recursos à disposição da equipe de professores. Ou, alternativamente, um instituto especial poderia ser fundado para escolher e instruir pessoas nesse estudo, preparando-as para o momento em que um curso de ensino mais geral fosse inaugurado.

Outro ponto a ser enfatizado é o caráter sociológico do tema. Não se trata apenas de clássicos cristãos e filosofia cristã, é toda a tradição da vida e do pensamento cristãos no decorrer da história. Se conseguirmos fazer com que os educadores entendam a existência da cultura cristã como uma realidade sociológica, será necessário apenas encontrar formas de estudá-la que sejam atraentes para o estudante americano. Mas, até hoje, a dificuldade reside no fato de que a existência dessa realidade sociológica ainda não foi inteiramente percebida. Se as pessoas não enxergam isso, elas naturalmente se perdem discutindo o currículo.

Mesmo que não seja uma política pragmática introduzir o estudo da cultura cristã no currículo universitário atual, acredito que devemos manter isso em mente como um objetivo último, pois a discussão do tema ajudará a resolver vários problemas educacionais. Ele pode ser introduzido também como um estudo reservado àqueles com as aptidões necessárias. De fato, todo avanço educacional foi preparado por um período preliminar em que os pioneiros trabalhavam fora das cátedras acadêmicas reconhecidas. Foi assim no começo da universidade europeia e nos primórdios do humanismo, ao passo que, hoje, a difusão do ócio por toda a afluente sociedade oferece novas oportunidades para a livre atividade intelectual.

12
Os fundamentos teológicos da cultura cristã

Durante os dois últimos séculos fomos todos ensinados a pensar em termos de Estado-nação. Este foi o verdadeiro trabalho de base da comunidade, e a educação tornou-se mais e mais nacionalizada e direcionada ao estudo da cultura nacional.

Mas, hoje, a unidade social está perdendo importância. O Estado-nação como conhecemos no século XIX está sendo apequenado e engolido pela tendência crescente de guerra mundial e pela pressão cada vez maior da enorme organização econômica.

O que deve tomar seu lugar? A cultura do futuro será erigida sobre a lealdade de classe e a ideologia partidária, como acreditam os comunistas? Ou será desenvolvida uma organização democrática mundial, abrangendo tudo, nos moldes da ONU ou da Unesco? Nada disso vai ao encontro das necessidades atuais. A primeira possibilidade é muito estreita e excludente, e a segunda é muito ampla, invertebrada e carente de conteúdo espiritual positivo capaz de oferecer uma base satisfatória para a comunidade cultural.

No entanto, ainda permanece a tradição das grandes sociedades históricas globais que moldaram a civilização humana por milhares de anos e fizeram com que povos e culturas do mundo antigo, outrora divididos, entrassem em comunhão uns com os outros pela influência de um espírito comum, uma ordem moral comum e um ideal religioso comum. Essas são as religiões mundiais, as maiores e mais universais unidades sociais que a humanidade conhece até hoje. Elas são seis no total, três no Ocidente – cristianismo, islamismo e judaísmo – e três no Oriente – hinduísmo, budismo e confucionismo. Cada uma delas, à exceção do judaísmo, é uma sociedade internacional e tem uma história contínua que varia entre mil e 3 mil anos. Elas são os grandes caminhos que conduziram a humanidade pela história, da Antiguidade remota aos tempos modernos. Elas foram as grandes tradições educacionais por meio das quais as nações adquiriram sua orientação, literatura e filosofia. Em grande medida, elas foram mundos espirituais separados, mas, dentro de seus muitos domínios, cada qual criou um universo comum de pensamento e uniu as nações em uma fraternidade espiritual e intelectual.

Parece impossível à civilização moderna ignorá-las, pois elas são as maiores sociedades culturais que a humanidade já conheceu e tiveram influência muito mais profunda na mente humana do que a civilização secular que tomou seu lugar. Pois são fortes exatamente onde a civilização moderna é frágil – como ordens morais e como mestras da verdade espiritual.

No entanto, a educação moderna as tem negligenciado e ignorado sua importância fundamental, de tal forma que a tradição espiritual do mundo moderno restou deslocada e perdida. Sem dúvida, é impossível para qualquer um conhecer todas elas, pois, nos dias atuais, ainda são estranhas entre si e é difícil encontrar um meio comum de comunicação. Mas isso não é motivo para não estudarmos nossa própria tradição espiritual, criadora da nossa civilização e, sobretudo, dos valores espirituais mais elevados, dos quais ainda somos moralmente dependentes.

A civilização moderna, a despeito de suas imensas realizações técnicas, é moralmente fraca e espiritualmente dividida. Ciência e tecnologia são, em si mesmas, moralmente neutras e não oferecem nenhum princípio espiritual orientador. Elas são passíveis de uso por qualquer poder *de facto* que por acaso controle para seus próprios fins a sociedade. E, assim, vemos no presente como os recursos científicos foram usados pelo Estado totalitário como instrumentos de poder, e como a ordem tecnológica é aplicada no mundo democrático ocidental a serviço da riqueza e da satisfação das necessidades materiais, ainda que essas necessidades sejam artificialmente estimuladas pelos mesmos poderes econômicos que lucram por satisfazê-las.

Dessa forma, as atividades intelectuais e espirituais se tornaram cada vez mais alienadas da sociedade e potencialmente perigosas para a sua estabilidade. Pois a sociedade moderna, como qualquer sociedade, necessita de alguns princípios espirituais elevados para coordenar e superar conflitos entre poder e moralidade, razão e apetites, tecnologia e humanidade, e entre interesse pessoal e bem comum.

Esse princípio coordenador foi suprido no passado, em todas as sociedades e civilizações, pela religião, que era a garantia suprema da ordem moral e a testemunha de um reino de valores espirituais que transcendiam o mundo das paixões e dos interesses humanos. Mesmo que rejeitemos as religiões tradicionais e neguemos a verdade de qualquer sistema teológico ou doutrina em particular, como fez o mundo moderno, não escapamos da necessidade de algum princípio coordenador elevado se quisermos que nossa sociedade sobreviva.

Foi isso que Comte viu com tanta clareza no século XIX. Mas sua tentativa de fornecer um substituto racional e científico para a religião foi um fracasso deplorável, como também o foram todas as tentativas similares. O fato é que o problema é insolúvel por meios puramente racionais, pois envolve o princípio da transcendência, que é essencialmente teológico.

É fundamental, portanto, que não deixemos que o preconceito antiteológico popular nos cegue para as funções vitais – sociológicas e psicológicas – preenchidas pela religião na civilização mundial. No nosso caso, o cristianismo ainda existe como tradição teológica e espiritual viva, mas foi pouco a pouco privado de sua influência intelectual e social na cultura moderna. Mesmo assim, ele tem a oferecer algo de que a moderna sociedade tecnológica necessita desesperadamente –, a saber, um princípio de coordenação espiritual e um princípio de unidade –, e é no âmbito da educação que tal necessidade e sua solução podem se encontrar.

Mas devemos admitir que o fracasso não se deve apenas ao lado secular. Os cristãos conservaram sua crença na verdade teológica, em uma ordem moral transcendente e em uma comunidade espiritual. No entanto, a aceitação teórica desses princípios não é sempre acompanhada de sua concretização cultural. Todos os cristãos modernos foram mais ou menos influenciados pela dominante concepção secular de cultura. A maioria de nós é incrivelmente ignorante e se esquece da riqueza de nossa herança. Mesmo aqueles entre nós que receberam excelente educação formal são muito mais instruídos — e em geral mais interessados — na política e cultura seculares modernas do que na tradição da cultura cristã.

Isso é, em grande parte, culpa da nossa educação, embora esteja aí subjacente o grande cisma que dividiu a vida como um todo em duas partes desiguais — o mundo comum da vida secular e a esfera restrita, especializada, ocupada pela Igreja e pela religião.

No passado, é claro, as coisas não eram assim. Na Idade Média e nos países católicos até o século passado, a religião desempenhava papel considerável na vida comum, e havia uma cultura religiosa rica e popular que encontrava expressão na arte e na música e na celebração das festas e peregrinações locais.

Entretanto, mesmo no passado, o desenvolvimento consciente da cultura laica rumava para a orientação secular, e o cisma já existia. É comum culpar o Renascimento e o desenvolvimento unilateral dos estudos clássicos por esse estado de coisas, mas eles são responsáveis apenas em parte. A causa fundamental parece ter mais a ver com a tendência medieval de fazer do estudo um monopólio do clero, de tal forma que o homem comum não tinha lugar na universidade medieval e na organização do ensino superior. Por conseguinte, a ascensão de uma nova classe, laica e educada, trouxe consigo um ideal independente de cultura secular. A consequente divisão da cultura em duas metades corresponde à divisão social entre clero e laicato. Enquanto o clero estudava a Bíblia e a patrística, os laicos estudavam os clássicos; enquanto o clero estudava a história da Igreja, os laicos estudavam a história do Estado; enquanto o clero estudava a tradicional filosofia cristã, os laicos estudavam os filósofos da Antiguidade pagã e as novas ciências naturais. É claro que a divisão não era tão nítida e esquemática assim, mas, indubitavelmente, ela levou à negligência cada vez maior da cultura tradicional como um todo pela laicidade. E ao lembrarmos quanto, nos últimos quatrocentos anos, a esfera da educação secular foi sendo ampliada continuamente e a educação clerical se restringindo, é difícil exagerar os efeitos dessa divisão na secularização da civilização moderna.

O que é preciso, portanto, não é nada menos do que uma reforma radical da educação cristã: uma revolução intelectual que restaure a unidade interna da cultura cristã. Talvez seja impossível realizar tão grande transformação em nossa geração, pois as instituições educacionais e os currículos são bastante resistentes às mudanças. Mas, em todo caso, uma vez que a tradicional educação humanista está sendo destruída em favor de um novo modelo científico, os cristãos terão de tomar uma atitude para salvar o que têm, de tal modo que sejamos inteligentes e atuemos em prol de uma verdadeira restauração da cultura cristã, em vez de assumirmos postura defensiva, de espírito puramente conservador.

A primeira coisa essencial que pode ser assegurada sem nenhuma mudança drástica nas leis e instituições é a restauração da consciência de comunidade da cultura cristã, como o fundamento da história europeia e das nossas próprias tradições nacionais e locais.

A ideia de uma cultura cristã envolve uma concepção mais compreensiva e realista da sociedade cristã do que estamos acostumados. Temos de retomar a ideia de "povo cristão" como uma verdadeira sociedade mundial da qual Israel foi sombra e símbolo; não mera organização eclesiástica, mas o órgão de uma nova humanidade. Essa concepção está expressa na antiga ideia cristã de "terceira raça" e, mais superficialmente, na ideia medieval de cristandade. Ela encontra sua formulação clássica e oficial na liturgia católica, sobretudo na Páscoa e em Pentecostes. De modo geral, contudo, como resultado do estreitamento da cultura cristã desde a Reforma pelo sectarismo e pelo secularismo, perdemos de vista a ideia de povo cristão. Não que as seitas ignorassem, em princípio, a sua importância – na verdade, os mais extremistas, como os anabatistas e os quacres, enfatizavam a ideia com frequência e de forma bastante enérgica. Mas, com efeito, o sectarismo a destrói de maneira tão eficaz quanto o secularismo, de tal maneira que, nos últimos tempos, o próprio catolicismo se tornou, aos olhos do mundo, nada mais do que uma seita excepcionalmente grande e exclusiva.

Acima de tudo, é indispensável reaver a tradicional concepção cristã de história: primeiro, a doutrina da transformação e recriação da humanidade na Encarnação; segundo, a tradicional teoria cristã das eras mundiais sucessivas como estágios progressivos da Revelação; terceiro, o ideal da expansão do Reino de Deus pela incorporação de nações e o enriquecimento da tradição cristã pelas muitas contribuições das diferentes culturas e tradições nacionais; quarto, em relação ao anterior, a ideia de uma preparação providencial por meio da qual todos os elementos positivos do mundo pré-cristão e não cristão encontrem sua plenitude no Reino de Deus.

Por causa da separação entre história eclesiástica e política, até hoje não há um estudo compreensivo da cultura cristã como a concretização histórica, embora parcial, desses elementos-chave na história. A enorme riqueza da cultura cristã como uma viva tradição mundial ainda não foi percebida, exceto pelos especialistas que usaram algumas de suas partes para seus próprios fins.

Além disso, essa riqueza de materiais é, em si mesma, um sério obstáculo. Se o corpo da literatura cristã não fosse maior que o da Grécia Antiga, ele já teria sido estudado por completo, como foram os clássicos. Mas, a despeito disso, acredito que o estudo da cultura cristã como um todo é bastante possível; já existem alguns livros que ensejam uma abordagem mais próxima do tipo de tratamento abrangente que é necessário.

Pode-se objetar que o estudo da cultura cristã é inadequado às necessidades do presente porque distrairá a mente dos estudantes do exame da cultura contemporânea e tenderá a imergi-los na contemplação do passado – ou, pior ainda, na idealização de porções limitadas do passado. Mas a essência desse estudo, tal como o vejo, é ele dizer respeito a um processo dinâmico que não pertence a nenhum período em particular, mas é coextensivo à história do cristianismo e inseparável dela. Esse processo consiste em três fases sucessivas: (1) o confronto do cristianismo – a Igreja e o Evangelho – com um ambiente secular não cristão ou pagão; (2) o processo de permeação de um pelo outro; (3) a eventual criação de novas formas de cultura e pensamento – arte, literaturas, instituições e assim por diante – com base naquele processo de interação.

Podemos estudar essas três fases relativamente a todas as civilizações, por exemplo, a conversão do mundo antigo e a ascensão da cultura bizantina; ou em relação a povos específicos, por exemplo, a conversão dos anglo-saxões e a ascensão da antiga cultura cristã inglesa; ou em relação a áreas específicas da cultura, como é o caso do contato e da interação da teologia cristã com a filosofia grega e da ascensão da filosofia escolástica cristão-aristotélica; ou em relação a determinadas instituições.

Esse processo não se restringe, necessariamente, a nenhum período em particular; em princípio, poderíamos estudá-lo com referência ao impacto do catolicismo na moderna cultura americana, mas tal estudo seria difícil, pois só podemos observar os estágios iniciais do processo e não sabemos qual será seu resultado eventual. É necessário examinar o passado para entender o presente e o futuro, de tal modo que o estudo comparativo da cultura cristã é muito relevante para as necessidades e problemas modernos.

Seria possível fazer um estudo prolongado da cultura cristã nos termos da parábola evangélica do semeador e da semente, demonstrando os correlatos culturais de cada uma das muitas alternativas que ela descreve. Pois o desenvolvimento da cultura cristã e do progresso do cristianismo na alma individual é, em muitos aspectos, paralelo. A história do cristianismo é, essencialmente, a história da extensão da Encarnação; e o estudo da cultura mostra o mesmo processo em curso na história, e ele pode ser visto em detalhes na vida dos homens.

O processo como um todo cria uma unidade religiosa que fornece uma ligação comunitária espiritual e cuja tradição cultural é mais rica e profunda que a das sociedades nacionais, ainda que ela tenha sido fragilizada e prejudicada por séculos de secularismo.

O cristianismo é uma sociedade do mundo real que difere das sociedades políticas por transcender o tempo. O laço de pertencimento não é destruído pela morte. É uma sociedade global que une épocas e nações. Acreditamos que os homens que morreram por sua fé em Roma, no século III, ou no Japão do século XVII ainda são tão parceiros na luta comum quanto os líderes da ação e do pensamento cristãos em nossos dias.

Parte III

O HOMEM OCIDENTAL E A ORDEM TECNOLÓGICA

13
O vácuo religioso na cultura moderna

A crise em que o mundo se encontra hoje se deve essencialmente a dois fatores: o primeiro é a aguda secularização da cultura ocidental; o segundo, a revolta do resto do mundo contra isso. Por mais de dois séculos, a civilização ocidental foi perdendo contato com as tradições religiosas sobre as quais originalmente se assentava e devotando suas energias à conquista e organização do mundo pelas técnicas econômicas e científicas; e, nos últimos cinquenta anos, houve crescente resistência a essa exploração pelo resto do mundo – resistência que agora culminou em uma revolta que ameaça a própria existência da sociedade ocidental.

No entanto, essa revolta não é direcionada contra o processo de secularização em si. Não se trata de um conflito entre o materialismo ocidental e a espiritualidade oriental. Pelo contrário, o Oriente está seguindo o exemplo do Ocidente em sua revolta contra a tradição religiosa e indo ainda mais longe rumo à total secularização da cultura. A revolta pode ser uma crítica ao Ocidente por ele personificar a exploração econômica, mas não uma objeção ao seu materialismo, posto que a base do protesto reside na doutrina do materialismo econômico que emprestou do Ocidente.

Onde, então, o catolicismo se posiciona nesta situação? Na medida em que ambas as facções representam formas rivais de secularismo, pode parecer que o catolicismo não está preocupado com nenhuma delas, de tal modo que poderia observar os conflitos de fora, no mesmo espírito com que os profetas hebreus viram a mútua destruição dos impérios mundiais na época de Nabucodonosor.

Mas trata-se de uma visão por demais simplificadora da situação. O catolicismo está tão profundamente envolvido com a história da civilização ocidental dos últimos 1500 anos que os católicos não podem encarar a Europa da mesma forma como os judeus encararam o mundo gentio. Mesmo hoje, após a Reforma, a Revolução e a secularização do Estado moderno e da cultura moderna, nossa sociedade continua sendo, de certa forma, cristã.

Mas não podemos nos dar ao luxo de ser otimistas. No decorrer dos últimos cinquenta anos, as novas forças em ascensão no mundo moderno são abertamente anticristãs, e a criação do totalitarismo na Alemanha nazista e na Rússia comunista produziu um novo tipo de perseguição religiosa mais sutil e de maior alcance do que qualquer coisa que a Igreja tivesse enfrentado no passado. É verdade que a ameaça comunista visa a cultura ocidental como um todo, não só o cristianismo. Mas isso não significa que a cultura ocidental se tornou a defensora consciente da fé cristã e dos valores morais cristãos. Pelo contrário, houve um grave declínio da prática da religião nos últimos cinquenta anos na Inglaterra e, talvez, na Europa Ocidental como um todo. Pois, a fim de compreendermos o estado da religião no mundo moderno, devemos reconhecer a existência de duas tendências contrárias. Os padrões da minoria religiosa foram crescendo continuamente, e, ao mesmo tempo, o nível geral de prática religiosa entre a maioria dos cristãos ou semicristãos foi decaindo velozmente. Logo, a tendência geral é que a moderna sociedade ocidental se torne cada vez mais pagã, e o cristianismo, tido como religião minoritária, mantenha e talvez até mesmo aumente sua vitalidade e força interna.

A situação na Inglaterra é muito bem ilustrada pela pesquisa da *English Life and Leisure*, publicada em 1951 por B. S. Rowntree e G. R. Lavers. Ela dá grande atenção à questão religiosa e faz a primeira tentativa séria de estimar, via métodos de pesquisa social, a influência do cristianismo na vida das pessoas de hoje.

Na pesquisa, os estudos individuais e os casos mais detalhados dão a impressão de que a verdadeira causa da irreligiosidade moderna não é intelectual nem se deve à influência do comunismo e do anticristianismo dogmático. Ela se deve à mera indiferença: o paganismo prático de pessoas que jamais pensaram com profundidade sobre o tema, talvez sobre tema nenhum, e são incapazes de enxergar qualquer relevância do cristianismo em sua vida concreta.

Aqui vão alguns excertos típicos dos duzentos estudos de caso. O número 3 "não frequenta a igreja, embora não se oponha a isso em princípio". Ela apenas diz: "É coisa de criança, mas se as pessoas são tão idiotas a ponto de engolir isso, por mim, tudo bem". O número 24 não se interessa por religião. Ela afirma que, se o ato de rezar lhe desse uma casa, ela rezaria, mas todo mundo sabe que é tudo absurdo. O número 26 não está interessada em religião, e seu único conhecimento da doutrina cristã é que, "na escola, a gente costumava ler a Bíblia em voz alta – um versículo cada, a classe inteira. Uma vez fui à igreja com um amigo, mas era um tal de levantar e sentar que eu não consegui encontrar meu lugar ali".

O número 34 é completamente indiferente a religião e afirma ter viajado muito e visto muita coisa de diferentes religiões para acreditar que haja algo como uma religião verdadeira. "Religião é só um costume."

O número 49 tem profundo desprezo por religião. "Que sabem esses padres velhos e estúpidos? Você consegue pagar as contas com reza? Não tenho tempo para esse tipo de conversa. Queria mandar todos eles trabalhar nas minas."

O número 72 nunca vai à igreja porque ficou farto disso quando estava no exército, mas, em suas palavras: "Veja bem, religião é uma coisa boa, desde que você não tenha em excesso". Ele costumava mandar os filhos à escola dominical para tirá-los um pouco de casa.

O número 97 não tem absolutamente nenhuma crença religiosa e acha que ir à igreja ou não é como ir ao cinema ou não. "É uma questão do que nos convém." O número 111 não tem fé religiosa. "Não sou ateu, sabe como é; eu só não dou a mínima. Gosto que os garotos vão à igreja porque eles devem saber como é a liturgia. Eles parecerão bobos se não souberem, caso algum dia precisem ir à igreja."

Essa atitude de indiferença desdenhosa parece representar a opinião da maioria dos duzentos casos examinados. Há, é claro, uma minoria considerável com visão completamente distinta, e para quem o cristianismo ainda é uma realidade concreta. Há uma minoria ainda mais reduzida de descrentes energicamente hostis, incluindo dois ou três comunistas e uns poucos meio comunistas. Mas cada um deles parece ser um tipo excepcional. A verdadeira ameaça ao cristianismo, e ao futuro da cultura ocidental, conforme demonstrado na pesquisa, não é a hostilidade racional de determinada minoria, mas a existência de uma grande massa de opiniões que não são antirreligiosas, mas sub-religiosas, massa que já não é consciente de nenhuma necessidade espiritual que o cristianismo possa preencher.

Trata-se, em grande parte, de uma nova circunstância. Pois, no passado, baixo nível cultural não implicava necessariamente falta de fé religiosa. Originalmente, o apelo do cristianismo era mais forte entre os pobres, sem instrução e socialmente desamparados; nem mesmo os povos primitivos, que eram os últimos na escala da cultura material, jamais se mostraram inteiramente desprovidos de senso religioso.

Como se explica a mudança? Creio que ela se deva, acima de tudo, ao caráter artificial da cultura moderna, diferente de qualquer outra coisa que as épocas anteriores vivenciaram. Nossa cultura moderna e secularizada é uma espécie de planta de estufa. De um lado, o indivíduo é protegido do impacto direto da realidade; de outro, está sujeito à pressão crescente por conformidade social. Raramente ele precisa pensar por si mesmo ou tomar decisões cruciais. Ele passa a vida inteira dentro de unidades altamente organizadas e artificiais – fábricas, sindicatos, escritórios, repartições públicas, festas –, e o sucesso ou fracasso depende de suas relações com tal organização. Se a igreja fosse uma dessas organizações obrigatórias, o homem moderno seria religioso; mas, como é algo voluntário e exige o uso de seu tempo livre, ele acha que é supérfluo e desnecessário.

Como os cristãos podem superar essa dificuldade? A resposta não é fácil, pois o problema da conversão dos sub-religiosos não é diferente do problema da educação dos subnormais. A única solução efetiva é mudar o ambiente cultural que tornou possível o desenvolvimento desse estado de coisas não natural. Pois o sub-religioso é, de certa forma, um sub-humano, e o fato de que indivíduos aparentemente sadios e normais podem se tornar assim desumanizados demonstra que há algo gravemente errado na sociedade e na cultura que fizeram deles o que são.

Trata-se de uma forma mais amena da mesma enfermidade que produziu resultados tão chocantes nos Estados totalitários. Em anos recentes, com frequência fomos forçados a perguntar como alemães ou russos comuns, bem-intencionados e bem-comportados, aceitaram a existência dos campos de concentração e dos extermínios em massa que tanto chocaram nossos instintos humanitários. E a resposta é que o instinto de conformidade social é mais forte do que o instinto de humanitarismo. Quando o Estado decide que medidas desumanas são necessárias para o bem do partido, o indivíduo aceita a decisão sem criticá-la e, na verdade, sem reconhecer o que o Estado está fazendo.

Na sociedade ocidental, por sorte, isso ainda é impossível. O Estado e a sociedade, assim como o indivíduo, ainda aceitam os princípios humanitários como uma questão de fé. Mas, onde os princípios humanitários não estão envolvidos, há a mesma tendência de subordinar a lei moral e sobretudo as elevadas verdades da fé religiosa à conformidade e conveniência sociais. Entretanto, creio que nem mesmo o próprio humanitário secular considere esse estado de coisas satisfatório. Pois a indiferença contemporânea à religião é acompanhada da indiferença a várias outras coisas necessárias ao bem-estar da sociedade. É uma atitude essencialmente negativa que implica a ausência de qualquer convicção moral profunda ou qualquer dinâmica social efetiva além do apelo ao interesse próprio. É uma espécie de vácuo espiritual incapaz de produzir algum fruto cultural. Dessa forma, é inferior até mesmo ao comunismo, que tem caráter dinâmico, mesmo que, em último caso, seu dinamismo seja a ânsia de poder personificada por ditaduras partidárias e pelo Estado policial. E este é um dos maiores perigos que ameaçam a existência da cultura ocidental quando ela é identificada com o que chamamos de "modo de vida democrático". Isso produz uma sociedade espiritualmente neutra e passiva e, por conseguinte, presa fácil de qualquer poder vigoroso, agressivo e revolucionário como o comunismo.

Mas não é da alçada do cristianismo defender nossa cultura ocidental secularizada da ameaça de uma revolução social ou política. Do ponto de vista cristão, não há muito que escolher entre o agnosticismo passivo e o materialismo indiferente ou ativo. Na verdade, ambos podem ser sintomas ou estágios diferentes da mesma doença espiritual. O que é vital é restabelecer os fundamentos morais e espirituais dos quais dependem o indivíduo e a cultura: convencer o homem comum de que a religião não é uma ficção de devotos que nada tem a ver com os fatos da vida, mas sim algo que diz respeito a coisas reais e é, na verdade, o caminho rumo à realidade e à lei da vida. Não é tarefa fácil, pois a cultura completamente secularizada é um mundo de faz de conta em que os personagens do cinema e dos desenhos animados parecem mais reais que os do Evangelho; em que o ciclo artificial de trabalho assalariado e consumo divorciou os homens do contato direto com a vida terrena e seu ciclo natural de labor e colheita; e em que até mesmo nascimento, morte, doença e pobreza não mais põem os homens cara a cara com as realidades últimas, mas apenas em maior dependência do Estado e sua burocracia, de tal modo que toda necessidade humana pode ser satisfeita com o preenchimento do formulário apropriado.

Num mundo como esse, ainda existe uma grande instituição social e espiritual que é a personificação visível da autoridade divina e da verdade supranatural. Enquanto a Igreja Católica for livre para comandar a sua própria existência e demonstrar, em sua vida e em seus ensinamentos, a verdade que representa, ela será destinada a causar algum impacto na sociedade, por mais secularizada que a cultura tenha se tornado. Mas o abismo entre a Igreja e a cultura secular se tornou tão grande que já não há nenhuma possibilidade de comunicação ou mútuo entendimento entre elas, e então há o perigo de que a reação da Igreja cause mais repulsa do que atração. Daí que não basta que os católicos mantenham alto padrão de prática religiosa no âmbito da própria comunidade; é necessário que eles também construam uma ponte de compreensão para a sociedade secular e ajam como intérpretes da fé cristã no mundo exterior à Igreja. Este trabalho não se limita à atividade missionária direta e à propaganda religiosa no sentido formal. É um trabalho de cada católico e, em especial, cada católico instruído.

Vimos no passado, sobretudo na Europa do século XIX, que a secularização da cultura ocidental não ocorreu por culpa do clero e das ordens religiosas, que fizeram bem seu trabalho, mas por causa do fracasso e da passividade do laicato católico, que negligenciou a defesa do cristianismo e abandonou o campo do ensino superior para os secularistas.

No entanto, por mais que a sociedade moderna seja sub-religiosa e carente de cultura e consciência espirituais, ela tem genuíno – embora confuso – respeito pela educação, e suas principais críticas à ortodoxia religiosa são de que o cristianismo está ultrapassado, a Igreja assume atitude reacionária e obscurantista em relação à ciência e tecnologia, e os cristãos estão desatualizados quanto ao pensamento moderno. Por conseguinte, todo católico intelectualmente vivo e, ao mesmo tempo, obviamente convencido da verdade de sua religião se vê lidando com o choque que lhe causam tais ideias preconcebidas. É improvável que os críticos sejam convertidos pelo católico, mas ele abala a confiança que eles têm na inevitabilidade da visão secularista e na estupidez do modo de vida religioso.

Esse é o primeiro passo, e, por menor que seja, ele é de vital importância. O segundo passo tem lugar quando os homens se conscientizam do valor objetivo e da importância do conhecimento religioso: quando percebem que tal conhecimento não é menos importante para o bem-estar humano e para o entendimento da realidade do que a economia ou a ciência da natureza. Esse passo ainda está abaixo do limiar do cristianismo; apenas leva a um ponto comum a todas as religiões do mundo e a vários pensadores desprovidos de fé religiosa, homens como Matthew Arnold no século XIX e George Santayana em nossa época. No entanto, quando esse passo é dado, o ponto crucial é alcançado.

A existência de uma cultura completamente secularizada e de uma espécie sub-religiosa de humanidade baseia-se nos pressupostos de que conhecimento religioso não é conhecimento, e de que o único conhecimento verdadeiro concerne às coisas materiais e às necessidades econômicas do homem. E, no momento em que o homem se torna consciente de que está no limiar de um mundo espiritual tão real quanto o mundo material e, em alguma medida, acessível à sua mente, seus pés marcham firme rumo à aceitação da fé cristã e à filiação à Igreja Católica. Mas ele não pode optar por essa via, a menos que os católicos desempenhem seu papel como intérpretes e comunicadores.

Como isso pode ser feito? Hoje a moderna cultura secularizada se tornou um mundo fechado e perdeu todo o contato com o mundo elevado da realidade espiritual. No passado, esse mundo elevado era inteligível e visível para o homem ocidental graças à cultura cristã, que fornecia toda uma série de formas de abordagem adaptadas aos diferentes tipos de mente e às diversas formas de atividade intelectual. Na situação atual, tais avenidas foram todas fechadas pela ignorância, pelo preconceito ou por negligência, e precisam ser reabertas pela ação intelectual e espiritual dos católicos, pela obra de cada um em seu próprio campo rumo ao objetivo comum, e é aqui que a obra dos católicos instruídos tem tanta importância. Há um apostolado do estudo, bem como um apostolado da ação e outro da prece.

Cultura cristã não é a mesma coisa que fé cristã. Mas é apenas por meio da cultura que a Fé pode penetrar na civilização e transformar o pensamento e a ideologia da sociedade moderna. Toda cultura cristã é orientada para os fins supranaturais e para a realidade espiritual, assim como a cultura secularizada é orientada para a realidade material e satisfação das necessidades materiais do homem. Eis o conflito básico sobre o qual Santo Agostinho fundamentou sua filosofia da história. Em sua visão, o princípio dinâmico da sociedade é a vontade comum ou impulso psicológico. Assim, o único princípio dinâmico das sociedades ateias e autocentradas é a ânsia por autossatisfação – *cupiditas* –, seja um impulso competitivo de ganância egoísta, seja impulsos de massa dos conflitos de classe e a vontade de poder por parte de Estados e nações.

Porém, contra a tendência humana de criar um mundo autocentrado, fechado, que, em última instância, está condenado à autodestruição por seus próprios instintos perniciosos, está o processo divino de restauração espiritual e reintegração, processo cujo centro é a Encarnação e cuja órbita é a fé cristã. Com o cristianismo, um novo princípio dinâmico entra na vida da humanidade e a reorganiza em torno de um novo centro espiritual e rumo a um novo fim supranatural. Tal princípio é ao mesmo tempo social e individual. Ele é personificado pela vida da comunidade organizada – a Igreja Católica – e estende sua influência a todo aspecto da vida humana e a toda forma de atividade social. Os elementos da sociedade humana – família, associação econômica, cidade e Estado – são ainda os mesmos, mas, à medida que permanecem sob a influência de uma ordem espiritual elevada, eles são direcionados para novos fins.

Portanto, a contribuição do cristianismo para a cultura não é apenas a adição de um novo elemento religioso; é o processo de recriação que transforma todo o caráter do organismo social. Esse processo rompe com o mundo fechado e autocentrado da cultura secularista e dá à sociedade humana um novo propósito espiritual que transcende os interesses conflituosos do indivíduo, da classe e da raça. Desse modo, ele fornece a motivação psicológica para a criação de uma cultura genuinamente universal, da qual nenhuma classe ou raça é excluída.

Sem dúvida, à primeira vista, a solução cristã parece imperfeita se comparada com as utopias e ideologias seculares que oferecem tudo de uma só vez aos homens, com a condição de que eles se submetam por completo ao seu controle. Na verdade, em todo caso, essas ideologias só aumentam as divisões sociais e os conflitos do mundo moderno e, em vez de criar uma utopia, apenas mergulham a humanidade mais e mais fundo na escravidão e na guerra.

O cristianismo, por outro lado, não oferece nenhuma panaceia imediata para a complexa enfermidade do mundo moderno. Ele tem a eternidade pela frente e pode se dar ao luxo de esperar. Mas é exatamente por isso que uma cultura cristã é potencialmente mais ampla e mais católica do que a secular. Ela é centrada em Deus, não no homem, e isso consequentemente altera todo o padrão da vida humana ao colocá-la em nova perspectiva.

Filosofia e ciência, história e literatura, tudo adquire novo caráter que se torna mais profundo e abrangente quando visto dessa perspectiva. Eis por que a cultura cristã do passado via a teologia como a rainha das ciências. O alargamento do campo das ciências pelo aumento do conhecimento também traz novas oportunidades de ampliar o alcance da cultura cristã. Todo avanço desse tipo, por menor que seja, torna a Fé mais acessível e inteligível para o mundo moderno. Talvez não sejamos capazes de erigir catedrais como os católicos do século XIII ou escrever épicos como Dante, mas podemos todos fazer algo para tornar o homem consciente da existência da verdade religiosa e da relevância do pensamento católico, e deixar a luz penetrar no mundo sombrio da fechada cultura secularista.

14
A cultura americana e a ideologia liberal

No capítulo anterior, discuti a crise do mundo ocidental moderno – um mundo cada vez mais desconectado de suas raízes espirituais na cultura cristã, o qual, no entanto, avançou em poder material e científico, de tal modo que ampliou sua influência sobre o resto do planeta até criar uma ordem tecnológica cosmopolita e global. Mas essa ordem mundial não tem base espiritual e, às antigas civilizações do Oriente e aos novos povos da África, assemelha-se a uma vasta organização de poder material criada para servir à ganância egoísta de poder do homem ocidental – daí a revolta da Ásia e da África contra o Ocidente que agora ameaça a paz e a estabilidade mundial.

Hoje os Estados Unidos ocupam posição anômala nesse conflito. Eles sempre desempenharam papel de liderança no desenvolvimento da tecnocracia e na expansão econômica do Ocidente, de tal forma que os povos não europeus os veem como os mais destacados e típicos representantes do materialismo ocidental e do imperialismo econômico. Contudo, eles nunca desempenharam papel proeminente no movimento colonial. Foram, desde o princípio, hostis ao espírito do imperialismo europeu e demonstraram genuína simpatia pelas lutas por liberdade e independência nacional de povos subjugados.

A despeito disso, o americano não pode se dissociar do destino do homem ocidental. Na verdade, ele é ocidental de modo mais completo e típico do que qualquer povo europeu. É fácil verificar por que é assim. Os Estados Unidos conquistaram sua independência no auge do Iluminismo europeu, e a ideologia iluminista foi a base de sua existência nacional. Os povos da Europa, não obstante suas revoluções, eram comprometidos com o passado e com suas tradições nacionais específicas. Mas os americanos estavam comprometidos com o futuro. Eles viram a Revolução como a aurora de uma nova era e de uma nova civilização destinada a ser a civilização de um novo mundo; por conseguinte, os princípios da Constituição e da Declaração de Independência não eram opiniões transitórias e falíveis, mas verdades absolutas que cidadão algum poderia questionar e que continuam sendo os alicerces do modo de vida americano.

Logo, embora a ideologia do Iluminismo fosse comum à Europa e à América, seu impacto cultural foi completamente diferente em cada lugar. Na Europa, ela marcou a chegada de uma era de criticismo e conflito em que nenhuma verdade deixou de ser questionada e a unidade espiritual da cultura ocidental foi perdida. Mas, na América, ela significou a chegada de uma era de fé – o estabelecimento de uma doutrina que uniu o povo inteiro em obediência a certas verdades comuns. O resultado foi que, embora as ideias fossem as mesmas, sua relação com as religiões tradicionais da sociedade foi inteiramente diferente.

Na Europa havia um conflito generalizado entre o liberalismo, ou a ideologia do Iluminismo, e as formas tradicionais de religião, especialmente o catolicismo, conflito que dividiu a Europa latina até os nossos dias. Na América, a aceitação universal da ideologia liberal impediu qualquer conflito dessa natureza. A ideologia era essencialmente não controversa e foi aceita como uma base de entendimento por todos os diferentes setores da opinião americana, religiosos ou não religiosos. A posse dessa base ideológica comum deu à América um forte senso de unidade cultural e possibilitou sua entrada na era tecnológica com total confiança em sua habilidade para usar as novas técnicas a serviço do modo de vida americano.

No entanto, o processo de secularização que acompanhou o progresso da tecnologia ameaça tanto o fundamento da cultura americana quanto a cultura tradicional do Velho Mundo. A ideologia americana na qual se baseia a Constituição envolve dois conceitos essenciais e relacionados – em primeiro lugar, a filosofia da lei natural e dos direitos naturais; em segundo, a limitação do poder do Estado, o que deixa o cidadão individual livre para conduzir sua própria vida e organizar suas atividades econômicas e culturais.

De acordo com o velho sistema americano, o Estado ou os Estados se preocupavam com a preservação da lei, da ordem e da independência nacional. Todo o resto – religião, educação e vida econômica – estava na esfera da livre ação individual, sobre a qual o Estado não tinha voz. Tudo isso tem mudado nos últimos cem anos por causa de forças históricas inevitáveis.

O *Estado*, o poder unitário, oficial e burocrático contra o qual a Revolução Americana protestou, retornou com novos poderes de supervisão e controle psicológico jamais sonhados por George III,[1] ao passo que a tecnologia se uniu à vida econômica da nação em um vasto sistema de organização no qual cada indivíduo tem seu lugar determinado.

Na nova América, a socialização e a secularização da educação geraram um imenso órgão profissionalizado para criar uniformidade moral e intelectual. Dessa forma, o princípio constitucional da separação entre Igreja e Estado, que pretendia assegurar a liberdade religiosa, tornou-se o instrumento de secularização da mente americana, de tal modo que as igrejas perderam todo o controle sobre a formação religiosa do povo. Não era assim na fase inicial da história americana, quando as igrejas eram os principais – e com frequência os únicos – órgãos de educação e cultura.

O modo de vida americano foi construído sobre uma tríplice tradição de liberdade – política, econômica e religiosa. Caso as novas forças secularistas submetessem essas liberdades a uma ordem tecnológica monolítica, isso destruiria os fundamentos sobre os quais a cultura americana se assenta. O modo de vida americano só pode manter sua natureza dentro da moldura da cultura ocidental cristã. Se essa relação desaparecer, algo essencial à vida da nação se perderá, e a própria democracia dos Estados Unidos ficará subordinada ao poder tecnológico.

---

[1] George III (1738-1820) foi rei da Grã-Bretanha de 1760 até sua morte. Logo, foi durante seu reinado que ocorreram a Revolução e a Independência dos Estados Unidos. (N. T.)

Em geral, o povo americano tem pouca consciência disso. A pregação aberta de uma ideologia secularista, como descrevi no capítulo anterior, não é mais comum nos Estados Unidos. Pelo contrário, houve notável crescimento na adesão e no comparecimento às igrejas em anos recentes. Isso foi motivado, acredito, não por alguma profunda mudança religiosa, mas pelo espírito de conformidade social e pelo sentimento de que a religião é de algum modo uma parte vital do modo de vida americano. Mas não é o bastante. Isso não implica nenhuma compreensão real da natureza da cultura cristã e não afetou o caráter predominantemente secular da educação e da vida intelectual americana.

O único setor da população comprometido por inteiro com a manutenção da educação totalmente cristã são os católicos, e eles, em geral, não são vistos como os típicos representantes da tradição americana. Contudo, em se tratando desse assunto, eles representam um princípio que era parte essencial da antiga herança americana, por isso defendem algo que deveria ser uma preocupação comum de todas as igrejas dos Estados Unidos.

Por isso, é importante que o estudo da cultura cristã nas universidades católicas americanas não se restrinja à cultura cristã da Europa, mas dedique atenção especial ao problema do Iluminismo e à maneira como as doutrinas do direito natural e da teoria de Estado limitado teve suas raízes originais na tradição cristã.

Tratei do tema em *O Julgamento das Nações*,[2] quando, na Inglaterra, católicos e liberais foram forçados a se unir contra a ameaça do totalitarismo e quando os dois princípios, do direito natural e de Estado limitado ou constitucional, foram os alvos preferidos dos ataques totalitários.[3]

Hoje o ataque vem de outro lugar, mas são os mesmos princípios também ameaçados pela ideologia comunista – que é totalitária no mesmo sentido que o nacional-socialismo – e pelo secularismo tecnológico que é o inimigo interno do mundo ocidental e se opõe em igual medida a esses princípios fundamentais. É apenas da perspectiva de uma cultura cristã viva que podemos defender

---

[2] São Paulo, É Realizações, 2018. (N. T.)

[3] Ver especialmente a parte 1, capítulo 3, sobre "As causas da desunião europeia", e a parte 2, capítulo 2, sobre "Os princípios sociais cristãos".

esses princípios que são a base comum do modo de vida ocidental. Na América, entretanto, o sentido de uma cultura cristã comum sempre foi fragilizado ou perdido por força de uma tradição sectária. Assim, enquanto o início da cultura americana, sobretudo na Nova Inglaterra, foi intimamente associado com a tradição cristã, esta foi identificada com uma tradição sectária altamente especializada e exclusiva; daí em diante, cada nova onda de imigração e assentamento colonial foi associada com alguma nova manifestação de sectarismo religioso. Portanto, o padrão americano de religião e cultura era de um mosaico de seitas e igrejas unidas somente por sua devoção comum à liberdade religiosa e à liberdade civil, que se tornaram pressupostos fundamentais da Constituição e do modo de vida americano.

Quando os católicos vieram com as imigrações em massa no século XIX, eles também se encaixaram nesse padrão sectário e aceitaram as mesmas lealdades cívicas. Mas os católicos não se conformaram ao padrão americano em um aspecto importante. Enquanto as igrejas protestantes pouco a pouco deixaram o campo cultural nas mãos do Estado e restringiram sua atividade à esfera puramente eclesiástica, os católicos continuaram a afirmar seus direitos no âmbito da educação.

As razões do abandono geral da educação religiosa pelos protestantes são complexas. Deveu-se, de um lado, à tendência fissípara do protestantismo americano e à dificuldade de encontrar um programa que fosse igualmente aceitável para todos eles, como o *agreed syllabus* adotado na Inglaterra em tempos recentes. De outro, ao fato de a educação pública na América ter conservado por muito tempo o caráter vagamente cristão que satisfazia as necessidades da maioria protestante. Em todo caso, não há razão para acreditar que a secularização da educação integra qualquer parte da tradição protestante, e nesta matéria os católicos de hoje defendem um princípio comum a todos os cristãos que, no passado, desempenhou papel importante no desenvolvimento da cultura americana.

Sendo assim, é importante que os educadores católicos adotem uma visão mais ampla de suas responsabilidades e tarefa intelectual. Eles precisam manter vivo o conceito de cultura cristã no mundo secular. Não é suficiente manter um curso limitado de instrução sectária. A educação cristã deveria ser mais ampla, não mais estreita, do que a educação da escola secular. Enquanto esta inicia o estudante na vida e no pensamento da moderna sociedade secular, a educação cristã deveria ser a iniciação na sociedade espiritual universal – a comunidade da *civitas Dei*.[4]

O propósito central da educação cristã deveria ser atualizar a cidadania que todos aceitamos como uma verdade da fé, mas que devia ser percebida como a adesão a uma comunidade real, mais real do que a nação ou o Estado, e mais universal do que a civilização secular. É uma comunidade que transcende o tempo, de tal forma que passado e presente coexistem em uma realidade viva.

O problema fundamental da educação cristã é sociológico: como tornar os estudantes culturalmente conscientes de sua religião; de outro modo, eles terão personalidade dividida – com fé cristã e cultura pagã que se contradizem continuamente. Devemos nos perguntar: somos cristãos *que por acaso vivem* na Inglaterra ou na América, ou somos ingleses ou americanos que por acaso vão à igreja aos domingos? Não há dúvida sobre qual é a visão do Novo Testamento; de que os cristãos são um povo na mais completa acepção sociológica, mas espalhados por diversas cidades e nações. Mas hoje, na maioria das vezes nós aceitamos a visão oposta, de que a cultura nacional de cada povo é a única que esse povo tem, e sua religião tem de existir em nível sectário e como subcultura. Portanto, o problema sociológico de uma cultura cristã é também um problema psicológico de integração e saúde espiritual. Esta é a questão-chave. Até mesmo uma cultura de gueto é preferível a nenhuma cultura religiosa, mas, nas condições modernas, a solução do gueto já não é praticável de fato. Devemos nos esforçar para chegar a uma cultura cristã aberta que seja suficientemente

---

[4] Em latim no original: "cidade de Deus". Referência ao conceito e à obra homônima e fundamental de Santo Agostinho, escrita entre 413 e 426. Dawson alude à "comunidade real, que transcende o tempo", no parágrafo seguinte. Cito um trecho da obra de Santo Agostinho: "Damos o nome de Cidade de Deus, de que dá testemunho a Escritura, àquela que rendeu à sua obediência, não por movimentos anímicos fortuitos, mas por disposição da soberana Providência, todos os engenhos humanos, com a garantia de autoridade divina superior aos espíritos de todas as nações". *Cidade de Deus*, livro XI, capítulo I. Trad. Oscar Paes Leme. Petrópolis, Vozes de Bolso, 2012. (N. T.)

consciente do valor de sua própria tradição para ser capaz de colocar-se em pé de igualdade com a cultura secularista.

Na América, tanto a necessidade quanto a oportunidade para isso são maiores do que em outros lugares. A ordem tecnológica foi mais altamente desenvolvida do que em qualquer outra parte do mundo, e com isso a pressão da secularização aumentou de forma contínua. Mas, ao mesmo tempo, a América ainda conserva as vantagens inestimáveis da liberdade educacional e intelectual, de tal forma que ainda somos livres para planejar e trabalhar pela restauração da cultura cristã. A oportunidade pode não estar conosco para sempre. Pois as escolas e universidades católicas, únicas representantes em âmbito nacional da educação cristã, já são tidas como anomalias, e há muitas pessoas que as consideram opostas ao padrão dominante da sociedade americana, que se baseia na escola pública e secular e culmina na universidade estatal. Ao mesmo tempo, são poucos os que percebem os perigos intrínsecos à ordem tecnológica para a liberdade humana ou os que rejeitam por completo os valores espirituais que herdamos da cultura cristã do passado. Até mesmo entre os secularistas, há muitos que se preocupam com a preservação da liberdade espiritual, e cuja oposição à educação cristã, em especial à católica, se deve à crença de que a religião organizada é inimiga da liberdade e, por conseguinte, da tradição americana. É necessário esclarecer os problemas e mostrar que a evolução do mundo moderno rumo ao totalitarismo desumano exige a aliança entre as forças divididas do humanismo e da religião, se o objetivo é vencer esse desafio.

15
O homem ocidental e a ordem tecnológica

Esta é a era de Frankenstein, o herói que criou um monstro mecânico e depois descobriu que ele saiu de controle, ameaçando a própria existência de seu criador. Frankenstein representa a nossa época de forma ainda mais fidedigna do que *Fausto* representava a era de Goethe e dos românticos. O homem ocidental criou a ordem tecnológica, mas não descobriu como controlá-la. Ela começa a controlá-lo e, se conseguir, aparentemente não haverá meios de evitar que o destrua.

Nosso dilema é mais evidente nas novas técnicas de guerra. Elas são agora tão eficientes que tornaram fácil e curto o caminho para a autodestruição, a destruição em massa e até mesmo a destruição do mundo. No entanto, a ordem tecnológica não nos oferece nenhuma técnica de relações internacionais capaz de evitá-las.

No campo da diplomacia, da paz e do direito internacional, nós ainda dependemos das velhas técnicas humanistas baseadas no pressuposto de que o homem é um ser razoável; por conseguinte, essas técnicas podem ser aplicadas só em circunstâncias excepcionalmente favoráveis. É como se estivéssemos em um navio que se movimenta dez vezes mais rápido do que os outros, mas só na mais completa calmaria podemos nele navegar com segurança.

Hoje as águas internacionais estão mais calmas que nunca. Contudo, há uma espécie de guerra entre Israel e a República Árabe[1] e entre China e

---

[1] No caso, a República Árabe do Egito. Dawson se refere aparentemente à Crise de Suez (1956), uma vez que este livro foi publicado em 1961, alguns anos antes da Guerra dos Seis Dias (1967). (N. T.)

Formosa,² e mais perto de casa temos apenas a frágil proteção da sanidade do *Señor* Castro para impedir uma guerra entre Cuba e os EUA.

Todos nós percebemos, nos momentos de racionalidade, que o mundo se tornou uma só comunidade, embora em todo o globo as forças com maior apelo sejam os movimentos racistas e nacionalistas que negam esse princípio e sacrificariam alegremente o resto do mundo em nome dos interesses e paixões de sua paranoica consciência de grupo. Isso se aplica também às ideologias políticas não raciais, como o comunismo, ao menos em sua forma stalinista. De fato, não é possível encontrar exemplo mais extremo dessa paranoia de grupo do que no extraordinário *História do Partido Comunista*, pelo qual Stálin foi pessoalmente responsável.³

Sem dúvida alguém dirá que essas coisas são excepcionais e que há sanidade suficiente no mundo para controlá-las, como fizeram com a paranoia de Hitler – mas a que custo! Infelizmente, parece haver razões para acreditar que a desordem permeia a civilização moderna como um todo e existe debaixo ou bem perto da superfície da nossa própria sociedade e de todas as outras. Quanto mais avança a ordem tecnológica, e quanto maior é a pressão que ela exerce sobre o indivíduo, mais forte é a reação emocional pela qual são liberadas as forças reprimidas. Na ordem pré-tecnológica, o artesão e o trabalhador braçal tendiam a liberar suas tensões psíquicas no exercício do trabalho. Mas isso não acontece na ordem tecnológica; o homem que dirige um caminhão ou controla um equipamento tem de se subordinar à disciplina da máquina. Suas emoções não encontram expressão no trabalho – ou, caso isso ocorra, ele é mau trabalhador. Ele tem de encontrar uma válvula de escape fora do trabalho – em seu tempo livre –, eventualmente pela ação violenta, mas, em geral, pela contemplação dos

---

² Hoje, a ilha de Formosa talvez seja mais conhecida entre nós como Taiwan. O nome Formosa data de 1542, quando os portugueses avistaram a ilha e assim a batizaram. Foi uma denominação muito usada nos países anglófonos, daí a opção de Dawson. (N. T.)

³ Dawson se refere ao livro *História do Partido Comunista da União Soviética (Bolcheviques): Curso Rápido*, uma espécie de manual lançado em 1938. O livro foi escrito por uma equipe de historiadores e membros do partido. Stálin seria o autor do capítulo sobre materialismo dialético e teria supervisionado de perto a escrita dos demais. (N. T.)

padrões de ação violenta fornecidos pelas indústrias mecanizadas que atendem a essa necessidade. Mas isso não é uma solução efetiva. É apenas um paliativo temporário, e as necessidades emocionais básicas permanecem insatisfeitas.

Esse problema não é só do trabalhador braçal. Ele afeta também os intelectuais e especialistas, sem os quais a ordem tecnológica não poderia ser mantida. Eles padecem igualmente da sensação de frustração e adotam uma visão sombria das perspectivas da civilização, como podemos ver na literatura atual.

Qual é a verdadeira causa do fracasso da humanidade em se adaptar à ordem tecnológica? É uma deficiência fundamental, inerente à própria natureza dessa ordem? Ou se deve apenas à lentidão inevitável da natureza humana para se adaptar a mudanças repentinas?

Não há dúvida de que a mudança tem sido abrupta. Eu mesmo nasci e fui criado em uma era pré-tecnológica, e dela me lembro muito claramente. Contudo, até mesmo naquela época, qualquer pessoa que tivesse visão ampla da civilização ocidental perceberia o que estava por vir, e até na geração anterior à minha houve escritores como Nietzsche, que viu o declínio dos valores humanistas e da civilização humanista liberal, embora não tivesse a menor pista das novas técnicas que estavam prestes a transformar a existência humana.

No entanto, ele apontou – bem como outros pensadores mais ou menos da mesma época – que a cultura ocidental já não tinha os recursos espirituais que antes justificaram sua existência e sem os quais poderia não sobreviver, de tal forma que as causas da nossa crise atual já estavam presentes na cultura humanista liberal do período pré-tecnológico. Na verdade, o problema fundamental que temos de enfrentar já se manifestara em fins do século XVIII.

Jamais houve uma sociedade mais civilizada, do ponto de vista humanista, do que a sociedade francesa do Iluminismo, nem mais completamente convencida dos poderes da razão e da ciência para resolver todos os problemas da vida e criar uma cultura completamente racional, assentada sobre uma base sólida de ciência e filosofia. No entanto, essa sociedade, representada por Condorcet e seus amigos, que teve a oportunidade de colocar suas ideias em prática nos primeiros anos da Revolução Francesa, fracassou de forma desastrosa e foi destruída quase que por completo pela erupção das forças irracionais que havia liberado. Um dos escritores que emigraram descreveu, em uma passagem impressionante, como se deu conta das falácias da ideologia racionalista graças a uma intuição súbita e ofuscante, certa noite, quando fazia a terrível marcha pelo congelado Zuiderzee com o derrotado Exército inglês, em 1796, e como todas as ilusões do Iluminismo se distanciaram dele sob a luz fria das estrelas de inverno.

E o mesmo desapontamento foi vivenciado, de forma menos dramática, por várias das grandes mentes da época – William Blake, Joseph de Maistre e Francisco Goya. Este último é um caso especialmente interessante, pois era discípulo consciente do Iluminismo. Contudo, em seus trabalhos posteriores, ele demonstra de forma quase apocalíptica que os eventos históricos não são obra de cálculos racionais ou mesmo da vontade humana. Em ação sob a superfície da história, há forças supra-humanas ou sub-humanas que empurram homens e nações como folhas na ventania.

Mas nada disso foi percebido pelo liberalismo do século XVII – exceto, talvez, pelo pequeno grupo de teóricos franceses representado por Alexis de Tocqueville. Em princípio, eles continuaram seguindo os passos do Iluminismo, como se a *débâcle* da Revolução nunca tivesse ocorrido. Eles fecharam os olhos para os fatos ou ocultaram a feia realidade com os véus do idealismo e do romantismo.

É fácil encontrar desculpas para eles. O triunfo da ciência aplicada parecia justificar sua fé na razão, e a doutrina do progresso foi corroborada pela expansão do comércio e da indústria ocidentais, que conquistavam o mundo. Eles não conseguiram perceber quão precário era o chão que pisavam e a rapidez com que era erodido pelas forças da mudança que colocaram em movimento.

Mas, no fim do século XIX, houve uma reação contra o liberalismo que encontrou sua expressão mais gritante no novo Império Alemão, em seu imponente desenvolvimento do poder militar e na organização disciplinada da pesquisa científica que preparou o caminho para a ordem tecnológica. Nietzsche foi o profeta dessa reação antiliberal. Ele exprimiu a vontade de poder que a inspirou enquanto, ao mesmo tempo, expôs implacavelmente seu niilismo cultural e a perda dos valores espirituais.

Mas foi um liberal racionalista, Sigmund Freud, escrevendo em Viena nos primeiros anos do século XX, quem desferiu o golpe de misericórdia na ideologia liberal por meio de sua análise da psique e da descoberta do território vasto e inexplorado do inconsciente. Quando provaram o fruto da árvore do conhecimento psicológico, os filhos de Adam Smith foram expulsos de seu aconchegante paraíso liberal, em que viviam tão seguros, para uma selva onde tinham de enfrentar bestas selvagens cuja mera existência ignoravam.

Assim, no momento em que o homem adquiria controle quase ilimitado sobre a natureza graças à nova tecnologia, ele se tornou consciente de sua própria insuficiência. Foi impossível ignorar a lição, pois ela nos foi trazida pela experiência terrível da Segunda Guerra Mundial e de tudo que a precedeu. Na Alemanha e na Áustria, onde tiveram origem a nova tecnologia e a nova psicologia, não vimos indivíduos psicopatas, mas movimentos de massa, povos inteiros que se submetiam às forças do inconsciente e se sacrificavam em nome dos deuses sombrios da mitologia racial.

Após essa experiência, é impossível para uma pessoa instruída retornar às velhas ilusões racionalistas. Devemos encarar o fato de que a vasta expansão das forças externas do homem por meio da ciência e da tecnologia, que são criações da razão humana, nada fez para fortalecer o poder da razão na ordem moral, que é o seu domínio adequado. Pois a ordem moral e a ordem tecnológica se perderam uma da outra, e enquanto a ordem tecnológica progrediu e se fortaleceu, a ordem moral se enfraqueceu. A ordem tecnológica se presta mais facilmente ao serviço da vontade de poder que, como Nietzsche percebeu, é uma força fundamentalmente amoral, destruidora dos valores morais. Ela se assemelha aos gênios sobre os quais lemos nas *Mil e Uma Noites*, prontos para fazer qualquer coisa, boa ou má, a serviço de qualquer homem que detenha a palavra mágica ou o talismã.

Desse modo, somos confrontados por um embate entre natureza humana e civilização, conflito mais grave do que qualquer coisa que conhecemos no passado, uma vez que a ordem tecnológica implica um sistema mais abrangente de controle social e exige coordenação muito mais completa de disciplinas sociais que desfrutaram, até hoje, de considerável margem de independência. Muito distante de qualquer questão de ideologia, a lógica interna e a eficiência externa do sistema exigem total coordenação e unidade, de tal forma que educação e ciência, negócios e indústria, governo e opinião pública, todos devem cooperar uns com os outros em uma organização fechada, sem válvulas de escape.

É óbvio que um sistema desse tipo é inteiramente oposto aos ideais do liberalismo que, nos séculos XVIII e XIX, inspiraram o desenvolvimento da democracia moderna. É fato que o liberalismo nunca foi de todo consistente a esse respeito, pois foram o individualismo econômico e a livre competição que lançaram os alicerces da ordem tecnológica na nova sociedade industrial do século XIX. Mesmo assim, os liberais acreditavam que a servidão tecnológica do sistema fabril seria compensada pelas vantagens da liberdade política e da educação popular, bem como pela crescente prosperidade da classe média que formou a nova elite. Eles estavam honestamente convencidos de que o conflito entre natureza humana e injustiça social seria solucionado ou minimizado pela liberdade política e pelo progresso econômico, e, se estavam errados, seu otimismo era, de modo geral, mais justificável do que o pessimismo dos socialistas marxistas e sua teoria do aumento da miséria do proletariado.

Do mesmo modo, os reformistas sociais e os novos psicólogos foram influenciados pelos mesmos ideais liberais. Pois os psicólogos acreditavam que os conflitos psicológicos dos indivíduos eram em grande medida solucionáveis pela liberdade e pelo esclarecimento psicológico. Quanto mais os limites do controle social pudessem ser empurrados para trás da fronteira psicológica, mais a personalidade estaria livre da tirania do superego e das repressões e frustrações que ela acarreta.

Essa era a solução que os escritos iniciais de Freud tendiam a favorecer, mas, como psiquiatra, ele estava preocupado apenas com os problemas da personalidade neurótica. Na condição de filósofo, ele teve sempre consciência da necessidade de repressão e renúncia da gratificação instintual como condição necessária para a civilização. Na verdade, como sublinhei, Freud fez mais do que qualquer outro pensador moderno para sabotar a ideologia liberal por meio do diagnóstico das falácias psicológicas sobre as quais se baseavam seu humanitarismo e sua ética otimista.

A falência do liberalismo foi seguida pela ascensão do coletivismo e do Estado totalitário – um desdobramento intimamente ligado ao da ordem tecnológica. O fortalecimento da solução coletivista pode ser verificado na eliminação ou supressão de todo elemento que pode enfraquecer o propósito comum ou interferir no andamento harmonioso da máquina econômica ou política. O coletivismo solucionou o conflito entre natureza humana e civilização negando a sua existência e forçando a primeira a se conformar com o padrão político e econômico por meio da cirurgia procustiana[4] que encaixa o novo homem na nova ordem. Ele não procura solucionar os conflitos psicológicos do sujeito, mas, ao negar a validade dos valores morais e do juízo moral, reduz o indivíduo recalcitrante à posição de criminoso ou de pessoa insana. Desse modo, o campo de concentração fornece a resposta final à crítica social, exatamente como o hospício resolve os problemas sociais dos psicóticos.

A desvantagem dessa solução é que ela remove as barreiras psicológicas da crítica e do juízo morais que refreiam o desenvolvimento patológico de delírios e neuroses coletivos. Não há razão para supor que os fins da vontade coletiva da sociedade ou do Estado serão mais racionais ou morais que os do indivíduo. Pelo contrário, os padrões morais de Estados e governos, sobretudo em tempos de guerra e revolução, são em geral bem mais baixos que os do indivíduo. Desse modo, o Estado que reprime deliberadamente a crítica moral e faz da vontade de poder seu único fim é capaz de qualquer iniquidade, como vimos em nossa geração, nos infernos construídos pelo homem em Belsen e Auschwitz e nas proscrições e expurgos generalizados da Rússia de Stálin.

Todavia, o mais alarmante nesses acontecimentos é a forma como essa regressão à barbárie foi associada com o avanço tecnológico. De fato, a nova barbárie é, em si, tecnológica, uma vez que o sistema inteiro de propaganda, perseguição, julgamentos em massa e campos de concentração representa uma

---

[4] Segundo a mitologia grega, Procusto era um facínora que vivia na Serra de Elêusis. Ele convidava viajantes a se deitar em seu leito: se fossem maiores do que a cama, Procusto amputava o excesso; se menores, esticava-os até o "tamanho correto". Como ninguém era do tamanho exato da cama (ele possuía duas para se certificar disso), todos morriam. O herói Teseu fez com que Procusto se deitasse lateralmente no próprio leito e lhe amputou a cabeça e os pés. (N. T.)

técnica cuidadosamente pensada para garantir a conformidade social e a recriação da humanidade sob algum novo padrão ideológico.

Não surpreende que o homem ocidental recue horrorizado e se recuse a admitir a possibilidade de vitória sobre o mundo livre da degradação da civilização. No entanto, a experiência dos últimos trinta anos mostrou que a moderna síntese ocidental de liberalismo político e economia tecnocrática implica certas fraquezas morais e contradições sistêmicas que a tornam incapaz de fornecer uma resposta satisfatória ao desafio totalitarista. Pois, embora a sociedade tecnológica e democrática seja livre, ela carece de objetivos morais elevados que possam, por si sós, justificar os enormes desenvolvimentos do poder tecnológico e organizacional. O sistema existe primeiramente para satisfazer as necessidades materiais e as demandas dos consumidores, e essas demandas são artificialmente determinadas pelos publicitários, que são os agentes dos produtores, de tal modo que o sistema inteiro tem um movimento circular e alimenta a si mesmo.

O Estado totalitário, por sua vez, a despeito de sua imoralidade fundamental, é capaz de impor uma relativa finalidade moral à sua tecnologia, que é planejada para servir ao bem comum – o bem do Estado – e não ao lucro de qualquer interesse financeiro ou industrial em particular. E este senso de propósito comum é fonte de fortalecimento moral do indivíduo, mesmo que o Estado em si não tenha objetivos morais elevados. Esparta pode não ter sido mais que um quartel glorificado, e Síbaris o lar da riqueza e da cultura material; no entanto, em toda a Grécia, Esparta era idealizada, e Síbaris desprezada, porque os espartanos viviam conforme a lei e se dispunham a sacrificar tudo pelo bem comum, enquanto os sibaritas viviam só para si e fizeram da riqueza e do prazer os padrões de sua vida. Portanto, há pouca razão para supor que, no atual conflito global, a democracia triunfará sobre o comunismo, se a primeira representa nada mais do que um alto padrão de bem-estar material e tecnologia avançada subordinada à satisfação das necessidades materiais e ao enriquecimento dos interesses financeiros e industriais que possam, de maneira mais efetiva, estimular e satisfazer as demandas dos consumidores.

Há, no entanto, uma alternativa, ignorada pelos racionalistas liberais que depositam confiança na razão individual guiada pelo interesse próprio, pelos psicólogos que afirmam o poder dos impulsos irracionais e pelos políticos e filósofos que exaltam a vontade de poder. Essa alternativa é representada pela tradicional doutrina religiosa ou filosófica que soluciona o conflito moral e psicológico pela referência a uma ordem mais elevada de verdades transcendentes, valores e fins, aos quais a vida do indivíduo e a vida da sociedade são subordinadas. A força dessa solução está no fato de que ela, e somente ela, proporciona um princípio de coordenação, de tal modo que o indivíduo não é inteiramente sacrificado pela comunidade, nem a comunidade pelo indivíduo. É, portanto, o método psicologicamente mais "econômico", qualquer que seja a sua validade metafísica. Sem esse princípio de coordenação, não há meios satisfatórios de reconciliar os anseios do ego com os da vontade coletiva. Na verdade, não há espaço para a própria vontade coletiva como força racional, e o sujeito é deixado com nada além de uma espécie de instinto de rebanho que não remete a coisa alguma, exceto aos medos e delírios da mente massificada.

Não podemos ignorar o fato de que toda civilização, do princípio da história aos tempos modernos, aceitou a existência de uma ordem espiritual transcendente desse tipo e a considerou a fonte suprema dos valores morais e da lei moral. E nós encontramos em toda civilização evoluída um correspondente desenvolvimento elevado dessa concepção. É difícil explicar esse conceito como o produto de algum tipo de regressão infantil, como fazem os racionalistas,[5] uma vez que, em cada civilização, algumas das mentes mais avançadas de cada era se devotaram a ele. Mesmo nos casos em que as crenças religiosas tradicionais perderam o controle sobre a sociedade, como na Grécia Antiga, vemos como os líderes do pensamento ainda continuaram fiéis a elas e procederam à construção de elaborados sistemas metafísicos que lhes permitissem justificá-las.

Se isso é ilusão, então também a sociedade é ilusão, pois há uma relação óbvia entre o colapso da ordem moral, quando ela é privada de suas finalidades espirituais e sanções, e o colapso da civilização, quando ela perde sua relação com a ordem moral. A razão pela qual a civilização moderna foi capaz de se secularizar da forma como fez é que o domínio da razão foi tão ampliado e

---

[5] Por exemplo, Sigmund Freud em *O Futuro de uma Ilusão*, 1927.

fortalecido pelo desenvolvimento da ciência e da tecnologia, que o homem passou a acreditar que sua razão era poderosa o bastante para criar uma ordem moral autossuficiente que, por sua vez, criaria a sociedade perfeita. Quanto a isso ele se enganou, como nos mostrou a experiência dos últimos cinquenta anos. Como Freud salientou, o homem tentou viver além de seus recursos psicológicos, uma tentativa que cedo ou tarde o levaria à falência.

Poderia parecer, por conseguinte, que a única maneira de sair do impasse em que se encontra a civilização moderna é retornar aos antigos alicerces espirituais e restaurar a velha aliança entre religião e cultura. Mas isso é ainda possível? Ou o avanço da ciência moderna tornou essa alternativa impossível? Essa era a ideia comum no século XIX. Era parte da ideologia liberal, que pressupunha a existência de um inevitável movimento de progresso pelo qual a ciência continuamente avança e a religião continuamente recua. Mas, em primeiro lugar, a existência de movimentos irreversíveis desse tipo é altamente questionável; e, em segundo lugar, não há razão para supor que religião e ciência sejam meras alternativas uma para a outra. Elas são obviamente distintas em natureza, métodos e finalidades. Mas não são mutuamente excludentes, e sim complementares. Então, é possível que, quanto mais ciência tem uma cultura, mais ela precisa de religião.

Sem dúvida, elas poderiam se tornar subjetivamente excludentes em razão da concentração de atenção em um campo em detrimento de outro. Foi isso que de fato aconteceu nos tempos modernos, quando a cultura ocidental se distanciou do mundo espiritual a fim de concentrar toda a sua energia na descoberta e exploração do novo mundo da ciência e da tecnologia. Mas logo que o homem perceber que esse desenvolvimento unilateral da cultura se tornou uma ameaça à sobrevivência desta e é contrário aos verdadeiros interesses do indivíduo e da sociedade, não haverá nada, exceto hábito e preconceito, que evite um retorno ao princípio da ordem espiritual e o restabelecimento dessa dimensão perdida da cultura ocidental.

Como já afirmei, a mente humana foi sempre consciente da existência de uma ordem de valores espirituais da qual os valores morais derivam sua validade. Ela é também uma ordem de realidades espirituais que encontram seu centro no ser transcendente e na verdade divina. Todas as grandes religiões do mundo concordam na admissão desta verdade – de que há uma realidade eterna além do fluxo das coisas temporais e naturais, realidade que é, ao mesmo tempo, o fundamento do ser e a base da racionalidade.

A fé cristã vai muito além disso. Ela, e somente ela, mostra como essa realidade mais elevada adentrou a história humana e alterou seu curso. Ela mostra como uma semente da nova vida foi plantada na humanidade pela separação de determinado povo como o canal da Revelação que encontrou sua plenitude na Encarnação da Palavra Divina em uma pessoa em particular e em um momento específico da história. Ela mostra como essa nova vida foi transmitida para uma sociedade espiritual que se tornou o órgão da ação divina na história, de tal modo que a raça humana pudesse ser progressivamente espiritualizada e elevada a um plano espiritual superior.

Visto por este ângulo, o progresso moderno da ciência e da tecnologia adquire novo significado. A ordem tecnológica, que hoje ameaça a liberdade espiritual e até mesmo a existência humana com as forças ilimitadas que coloca a serviço da paixão humana, perderá seus terrores tão logo seja subordinada a um princípio mais elevado. A tecnologia, liberta da dominação do egoísmo individual e do culto massificado do poder, assumiria, então, seu lugar como instrumento providencial na criação da ordem espiritual. Mas isso será impossível enquanto nossa sociedade continuar desprovida de toda finalidade espiritual, mirando apenas a satisfação de sua sede de poder e de seus desejos egoístas.

A mudança só poderá ocorrer com uma radical reorientação da cultura para fins espirituais. Trata-se de tarefa gigantesca, pois significa uma reversão do movimento que dominou a civilização ocidental nos últimos dois ou três séculos. No entanto, uma mudança assim está no ar há bastante tempo e foi prevista ou defendida por profetas, poetas e filósofos desde o começo do século XVII: poetas como Blake, Coleridge e Novalis; socialistas e sociólogos como Comte, Saint-Simon e Bazard; e filósofos como Nietzsche. Todos eles tinham consciência da natureza do problema e da inevitabilidade de uma grande mudança espiritual, embora fossem cegos pela parcialidade de sua visão de mundo

– os poetas por sua rejeição da ciência, os sociólogos por sua rejeição de Deus, e Nietzsche por sua rejeição simultânea de Deus e da humanidade.

A conversão e a reorientação da cultura moderna envolvem um duplo processo, em nível psicológico e intelectual. Primeiro, e acima de tudo, é necessário que o homem ocidental recupere o uso das faculdades espirituais superiores – seus poderes de contemplação – que foram atrofiadas por séculos de negligência, durante os quais a mente e a vontade do homem ocidental estavam concentradas na conquista do poder – político, econômico e tecnológico. A redescoberta da dimensão espiritual da existência humana pode ser religiosa ou filosófica: ela deve se basear em uma espécie de conversão religiosa por meio da qual o homem reconheça a sua necessidade de Deus e descubra um novo mundo de verdade espiritual e valores morais; ou pode consistir no reconhecimento metafísico objetivo da importância ontológica e do significado do fator espiritual. Talvez deva ser ambas, pois o estudo das várias experiências religiosas nos últimos duzentos anos mostrou quão pouco pode ser alcançado pelo sentimentalismo não intelectual das tradições revivalistas, as quais foram tão fortes mesmo em um ambiente secular como a América do século XIX. Mas uma mudança completa da orientação espiritual não pode ser efetiva a menos que ocorra em nível psicologicamente profundo. Ela não pode ser obtida sem esforço! Ela só pode ser alcançada por uma longa e dolorosa jornada pelo deserto. Enquanto isso, há um primeiro passo importante que pode ser dado onde e quando houver pessoas que reconheçam a necessidade de mudança espiritual.

Trata-se da reforma do nosso sistema de educação superior, da qual falei longamente. No mundo moderno, o homem comum pode passar todo o período escolar sem se tornar consciente da existência desse fator espiritual elementar e essencial tanto para a psique individual quanto para a vida da civilização. Quer estude artes liberais, quer estude ciência e tecnologia, ele não recebe a menor pista da existência de nenhum princípio mais elevado a ser conhecido que possa influenciar o comportamento individual ou a cultura social. Mas, como afirmei, todas as grandes civilizações históricas do passado reconhecem a existência de alguns princípios espirituais ou finalidades desse tipo, e deles fizeram a chave de sua interpretação da realidade e de seus conceitos de ordem moral. Portanto, um sistema educacional como esse do moderno Estado secular, que ignora o componente espiritual da cultura e da psique humanas quase que por completo, é um despropósito tão imenso que nenhum avanço do método científico ou da técnica educacional seria suficiente para compensá-lo. Neste aspecto, somos inferiores a várias culturas bem menos avançadas, mas que mantiveram a consciência de uma ordem espiritual, pois, onde quer que essa consciência exista, a cultura ainda detém um princípio de integração.

Temos um longo caminho a percorrer antes que possamos recuperar esse princípio perdido de integração. Mas é função da educação abrir a mente para uma apreciação tanto da herança cultural espiritual quanto da herança científica e da humanista. Se, como sugeri, o vácuo espiritual da moderna cultura ocidental é perigoso para a sua existência, é dever do educador salientar isso e mostrar como esse vácuo foi preenchido em outras eras ou em outras culturas. Mas o educador cristão pode fazer muito mais do que isso, uma vez que tem plena consciência da realidade da ordem espiritual e é testemunha viva dos valores espirituais sobre os quais nossa civilização foi fundada.

Sem dúvida, é uma posição difícil, pois, se ele é professor de escola religiosa ou de faculdade, seu trabalho é confinado em um pequeno mundo à parte, que dificilmente tem consciência do enorme abismo que divide suas crenças tradicionais das forças que hoje governam o mundo; e, caso se dedique à educação pública, ele é forçado pelas circunstâncias do trabalho a tratar questões espirituais vitais como externas à sua esfera de competência.

Mas, a despeito de tudo isso, é ele quem está em posição de transpor o abismo entre o mundo privado da fé religiosa e dos valores espirituais e o mundo público da tecnologia, do positivismo científico e do conformismo social. Enquanto ainda existir a tradição cristã de educação superior, a vitória do secularismo, mesmo em uma moderna sociedade tecnológica, não estará completa. Ainda há uma voz para dar testemunho da existência do mundo esquecido da realidade espiritual em que o homem tem o seu verdadeiro ser.

ÍNDICE REMISSIVO

A
Academia florentina, 52
África, 28, 93-94, 139, 171
Agreed de São Boaventura, 44
Agreed syllabus (Inglaterra), 175
Alemanha, 12, 19, 26, 30, 46-49, 51, 78, 92, 148
   católicos da, 99-100
   humanismo na, 53
   idealismo filosófico e teológico, 76
   Império da, 182
   mente da, 76
   movimento romântico, 76
   nacionalismo, 78-80, 112
   pensamento, 76
   pietismo, 76
   povo da, 53
   Reforma na, 52-53
   sociedade, 75
Alexandria, 31
América, 30, 47, 97-105, 108, 110, 112-13, 122, 126-27, 129, 132, 172-77, 190
   antropologia social, 144
   Constituição da, 114, 172, 175
   história da, 143, 173
   ideologia, 171-72
   mente da, 173
   modo de vida, 93, 99, 101, 172-73
   pensamento, 90, 103
   povo, 82, 84, 87, 174
   protestantismo na, 86, 103, 175
   religião e cultura na, 175
   Revolução Americana, 98-99, 173
   sociedade, 83, 92-93, 99, 136, 142-43, 177
   tradição, 81, 85, 90, 94, 97-98, 174, 177
   ver também Declaração de Independência
   vida intelectual, 174
América Central, 29
América do Sul, 98
Americanismo, 101-02
Anabatistas, 155
Anglicanismo, 84, 86, 113
Anglo-saxões, 156
   concepção de Estado limitado, 112
   épica, 41
   Inglaterra, 35
Annapolis, 122
Antologia Grega (Planudes), 49
Árabe
   ciência, 60
   pensamento, 36-37
Aristotelismo, 39, 62
   física, 44
   Liceu, 30
Arquitetura gótica, 47
   catedral, 123
Ásia, 171
Atenas
   na Grécia Antiga, 29, 31-32
   no Renascimento, 47
Aufklärung, *ver* Iluminismo
Austrália, 129, 139
Averroístas de Pádua, 43, 62

B
Babilônia, 28
Belsen, 185
Beneditinos, 55
Bíblia, 33-35, 54-55, 57, 154, 163, 176
ver também Novo Testamento
Bildung, 75
Boêmia, 44
Bolonha, 37-38
Borgonha, 44
Boston, 100
Budismo, 152

C
Calvinistas, 55
Cassitas, 28
Catolicismo, 98-101, 104, 142, 155, 157, 161-62, 172
    dogma, 37
    filosofia, 39, 133
    modo de vida, 103
    na América, 59, 98
    na Europa, 54-56, 68, 129
    pensamento, 169
    revitalização, 55
    teologia, 133
Catolicismo americano, 98-103
católicos, 97, 104
Católicos, 63, 73, 79, 97-98, 100-02, 114-15, 129-30, 132-33, 162, 166-67
    comunidades, 100
    imigração, 100
    laicato, 166
    minorias, 115
    místicos, 42, 57
Chartres, 36, 50
China, 29, 139, 144, 179
Civilização, 168, 184-85
Civilização e cultura
    americana, 10, 103, 122
    chinesa, 29
    clássica, 132, 135
    colapso da, 187
    cristã, 136, 147, 156
    degradação da, 186
    estudo da, 130
    europeia, 127
    greco-romana, 144
    humanista, 181
    indiana, 29
    maia, 29
    medieval, 39
    moderna, 117, 132, 136, 152, 164, 180, 187
    mundial, 132, 146, 166
    ocidental, 121, 132-35, 145, 147-48, 161-62, 164, 173, 181, 189
    pagã, 156
    perspectivas da, 181
    quatro grandes históricas, 137, 146
    secular, 166, 190
Collège de France, 69
Colônias, 107
Comunismo, 124, 132, 162, 165, 180, 186
    ameaça do, 162
    comunistas, 131, 151, 163
    fé, 112
    ideologia, 174
    russo, 112
Concílio de Florença, 48
Concílio de Lyon, 49
Concílio de Trento, 55
Confucionismo, 152
Conselho das Escolas Vitorianas, 58
Conservadores hannoverianos, 79
Conservadores saxões, 79
Consolações da Filosofia (Boécio), 36
Constantinopla, 33, 48
Contrarreforma, 55
Contrato Social (Rousseau), 76
Cristandade, 37-38, 54, 139, 146, 155
    ciência, 132
    colonialismo, 146
    comércio e indústria, 182
    condições da vida humana, 64
    democracia, 124, 151
    desenvolvimento, 123-24
    educação, 30, 35-37, 40, 97, 128, 133, 141
    Europa, 34, 36, 38, 41, 54, 126, 137, 162
    história da, 49-50
    humanismo, 131-32

imperialismo, 127, 146
liberalismo, 132
materialismo, 161, 171
modo de vida, 174
mundo da, 131, 145, 171, 174
pensamento político, 126
pensamento, 36
síntese de liberalismo político e economia tecnocrática, 186
sociedade, 162, 165
tecnologia, 60
tradição religiosa, 59
tradição, 126
universidade, 30, 98
Cristão/cristã
  ação, 157
  aristotelismo/aristotélico(a), 39, 44, 157
  arte, 145
  caráter, 174
  cidadania, 51
  clássicos, 35, 135, 149
  comunidade, 141-42
  educação, 76, 146-47, 155, 176-77, 191
  ensino, 114, 148
  fé, 134, 136, 166-67, 176
  filosofia, 117, 137, 149
  história, 113, 117
  humanismo, 54-55, 57, 80
  Igreja, 127
  influência missionária, 139
  lei moral, 134
  literatura, 34, 117, 137, 156
  modo de vida, 34, 39, 138, 141-42, 144
  mundo, 39, 45, 58, 138
  objetivos, 55
  ordem institucional, 117, 139
  pensamento, 138, 142, 149
  platonismo, 51, 57
  sabedoria, 31
  sociedade, 112, 134, 138, 155
  teologia, 157
  tradição, 42, 47, 142, 154, 156, 174
  valores morais, 162
  vida, 51, 54, 136, 138, 154
Cristianismo patrístico, 138

Cristianismo primitivo, 138
Cruzadas, 41
Cultural
  ambiente, 164
  autarquia, 122
  centro da vida americana, 89
  comunidade, 151
  consciência, 138
  horizonte(s), 103
  inferioridade, 147
  niilismo, 182
Cultural Patterns and Technical Change (Mead), 143

D
De liberis recte instituendis (Sadoleto), 55
Declaração de Independência (América), 172
Departamento de Educação (Inglaterra), 80
Diálogos (Gregório Magno), 36
Direitos naturais, 173
Discursos à Nação Alemã (Fichte), 77
Dominicanos, 55

E
École Polytechnique, 69
Educação americana, 81-95, 97, 108-09
  educadores, 132
  secular, 103
  sistema, 95
  superior, 129-30
  tradição, 81-95
  universidade(s), 149, 174
Educação católica, 103, 116, 129, 133, 141, 177
  educadores, 129, 175
  erudito, 146
  escolas, 177
  faculdade(s) de artes liberais, 133
  superior, 104, 133
  universidades, 101, 133, 141
Educação, Conselho de (Inglaterra), 116
Educação estatal
  ensino, 111
  universidade, 177
Educação inglesa, 113
  escolas públicas, 47

popular, 80
пública, 82
superior, 129
universidades, 30
Egito, 28
Emílio (Rousseau), 76
Emmanuel College (Cambridge), 57
Empirismo lockiano, 67
Encarnação, 137, 145, 155, 157, 168, 189
Enciclopedistas, 64, 74
ideal de, 69, 71
Encyclopédie (Diderot e D'Alembert), 67
Escócia, 44
Escolas
dominicais, 113
palacianas, 35
talmúdicas (*Yeshivot*), 147
Escolástica
como termo, 39
Espanha, 44, 56
Esparta, 186
Estado, 67, 78, 97, 107-18
bismarckiano, 79
Estados Unidos, 57, 59, 63, 66, 69-71, 85, 92, 100, 106, 122, 150, 152-53
Europa, 5, 15, 18, 30, 39, 42, 44, 54-57, 59, 67, 69, 78-79, 81, 85, 92, 99-100, 123-25, 129, 134, 162, 166, 172, 174
educação, 78, 124
história, 155
imigração, 102
imperialismo, 171
literatura, 124
movimento científico, 63
universidades na, 149
Europa (Norte), 38, 54, 139
humanismo na, 51-53
Europa Central, 78, 123, 131
Europa Oriental, 115
Evangelho, 53, 156, 166

F
Fascismo, 124
Fé, 62, 168-69
Filadélfia, 100

Física newtoniana, 67
Florença, 49
Flórida, 98
Formosa, 180
França, 20, 26, 30, 32, 40-43, 46-48, 51, 73, 52, 56, 58, 66-69, 73-75, 78, 102, 122
burguês, 75
filósofos, 76
Iluminismo, 76
língua, 67
monarquia, 47
poesia, 41
protestantismo na, 55
racionalismo, 66, 76
Revolução Francesa, 69, 73, 108-09, 162, 181
Fulda, 36

G
Gália, 36
Galicanos, 68
Gênova, 46
Grandes Livros, 122, 149
Greats (Universidade de Oxford), 137
Grécia Antiga, 23, 47, 49, 74, 91, 100, 121, 125, 130, 156, 186-87
cidade, 30
ciência, 36, 40
educação, 30
filosofia, 32, 36, 157
literatura, 43, 49
paideia, 49
poesia, 49
sofistas, 29
tradição, 29
ver também Helenismo
Guerra dos Cem Anos, 45
Guerras Religiosas, 32
Gymnasialordnung de 1812, 78

H
Hebreus, 146
profetas, 161
Helenismo, 32, 48, 50
era helenística, 38

ideal de Estado universal, 31
mundo, 30
paideia, 31
pensadores, 61
sociedade helenista-oriental, 137
tradições, 44
História Eclesiástica do Povo Inglês (Beda), 36
Holanda, 56, 65
Humanismo, 47
    educação, 49
    ideais e vida cristã, 51
Hungria
    católicos da, 99

I

Idade das Trevas, 33, 127
Idade Média, 30, 35, 38, 41, 45, 48, 52, 55, 60, 62
    cristandade na, 45, 47, 53
Ideologia unitarista, 82
Igreja Anglicana, 83, 113
Igreja Católica, 33-34, 45, 52, 54-55, 59, 67-68, 70, 73, 98-102, 104, 108-09, 111-14, 129-30, 136-38, 145, 147, 154, 156, 162, 164, 166-68
Igreja e Estado, 38, 97
Igreja Oriental, 48
Iluminismo, 58, 66, 73-75, 78, 108, 124, 130, 171, 174, 181-82
Império Bizantino, 48
    Irmãos das Escolas Cristãs, 70, 73
    mundo do, 33, 41, 45
    patriarca, 49
    platonismo, 49
    tradições, 48
Império e era carolíngios 35, 47, 122
    estudiosos, 51
    renascimento carolíngio do ensino, 34
Império Romano, 35, 55, 127, 134, 13-38
    do Oriente, 137
    ordenamento, 53
    tradição de educação, 34
Índia, 29, 139, 144
Índias Ocidentais, 77
Indonésia, 97

Inglaterra, 35, 52, 56-58, 65, 67, 74-75, 78, 95, 104, 107-08, 112, 122, 162, 174, 176
    catolicismo na, 98
    colônias da, 98
    deísmo, 67
    empirismo, 66
    ideias, 66
    liberais, 79
    movimento intelectual, 65
    passado colonial, 99
    pensamento científico, 65
    reformas radicais, 111
Instauratio Magna (Bacon), 64, 66
Institutas (Calvino), 55
Irlanda, 34
    camponeses, 100
    católicos da, 99-101
    imigração, 100, 115
    irlandeses americanos, 115
    tradição, 99
Irmãos das escolas cristãs, 70, 73
Islã (Islamismo), 39, 54, 144, 152
Itália, 9, 17, 19, 22-23, 26, 30, 34, 36, 43, 45, 56, 60, 62, 122
    católicos da, 99, 100-01
    cidades, 48-49
    educação, 49, 51
    eruditos, 51, 56
    Renascimento, 36, 43, 47, 49, 52, 58
    universidades, 52

J

Jacobinos, 69, 71
Jansenistas, 68
Japão, 139, 157
Jesuítas, 68-70, 98
    escolas, 47
    universidades (instituições educacionais), 59
Judaísmo, 152
    comunidade judaica, 116
    judeus alemães, 56

K

Kultur, 75

L

Lei natural, 173
 ver também Direitos naturais
Liberais, 174
Liberalismo, 172, 182
Liga das Nações, 124-25
Língua inglesa, 35
 países de, 129
Língua latina, 11
 gramática, 11, 34-35, 55
 retóricos, 30
Litterae humaniores, 137
Lituânia
 católicos da, 100-01
Liturgia, 34

M

Mar Egeu, 48
Mar Jônico, 48
Massachusetts, 55, 136
Mil e Uma Noites, As, 183
Moravianos, 73
Movimento conciliar, 45, 48
Movimento de Oxford, 80
Movimento *Know Nothing*, 104
Mundo latino, 34, 172
 clássicos, 35, 40
 estudos, 29
 sociedade, 137
 tradição eclesiástica, 42
 ver também Império Romano
Mundo mediterrâneo, 53, 93

N

Nacional-socialismo, 77, 122, 174
Nações Unidas, 102, 104
Napoleão
 dominação, 76
 sistema educacional, 78
 Universidade Imperial, 70
Natureza, 60-61
Nazistas, 131
 Alemanha nazista, 162
Neoplatônicos (comentadores), 50
Norte da Alemanha, 79

Norte gótico, 52
Nova Inglaterra, 57, 175
"Nova lógica" de Aristóteles, 36
Novo Mundo, 98, 100-01, 127, 139
Novo Testamento, 53, 176

O

Obras greco-arábicas, 37
Ocidente, o, 4, 7-8, 13-15, 19, 25, 29, 33, 101, 105, 121, 126, 131, 140, 150
ONU, 131

P

Padres Capadócios, 32
Padres da Igreja, 131
Pádua, 49, 52, 56
Papado, 45, 48
Paris, 37, 39
 acadêmicos, 61
Partido Liberal (Inglaterra), 108
Paulistas, 101
Pentecostes, 155
Peregrinos, 104
Período barroco, 51
 misticismo no, 58
Período de Weimar, 56
Pietismo, 74, 76
Platonismo, 49, 51
 Academia de Florença, 50, 52
 Academia platônica, 30
 educação humanista, 62
 estudos, 49
Platonistas de Cambridge, 57
Polinésia, 28
Polônia, 147
 católicos da, 99-101
Portugal, 56, 67
Primeira Guerra Mundial, 66, 70, 80, 95
Princeton, 122
Protestantismo, 53, 55, 57, 98
 como maioria, 175
 educação, 54, 97, 114
 governo, 99
 igrejas, 67, 175
 movimento intelectual, 65

na América, 98
na Europa, 54, 59
no norte, 55, 59
opinião, 114
reformistas, 54
tradição, 175
Prússia, 77-78
Ptolomeu
teoria geocêntrica, 44
Puritanos, 57
Inglaterra puritana, 136
teólogos, 57
tradição, 56, 104

Q
Quacres, 155

R
Racionalismo cartesiano, 67
Ragged Schools de Shaftesbury, 113
Ratio Studiorum (Sociedade de Jesus), 55
Reforma, 52-54, 58-59, 63, 69, 134, 155
Reichenau, 36
Reino de Deus, 156
Religião dos *pueblos*, 144
Renascimento, 30, 49, 52, 55, 58, 60, 130-31, 154
arte e literatura, 55
ciência, 63
humanistas, 105
Reno, 47
República Árabe (do Egito), 179
Revitalização evangélica, 74
Revolução copernicana, 44
Rio Mississippi, 84-85
Rodes, 31
Royal Society, 63
Rússia, 67, 97, 162
Revolução Russa, 69

S
Sacerdotium, 39
Sacro Império Romano, 74
Santos, 54
Segunda Guerra Mundial, 80, 161

Seminários, 35-37
Septuaginta, 32
Síbaris, 186
Socialistas
Alemanha, 79
Sociedade de Jesus, *ver* Jesuítas
St. Gallen, 36
Studium (estudo), 38, 45
Suméria, 28

T
Toledo, 36
Transilvânia, 55

U
Ucrânia
católicos da, 77-78
Ultramontanos, 46
ver também Comunismo
Unesco, 131
União Soviética, 97
Universidade Imperial (Napoleão), 70
Universidades
Berlim, 55
Bolonha, 14-15, 19
Cambridge, 28, 34
Ferrara, 28
Florença, 28
Imperial, 48
Oxford, 14-16, 21, 38, 40, 57, 117

V
Velho Mundo, 100, 104, 172
Veneza, 24-25
Vivário, 9

W
Wessex, 11

ÍNDICE ONOMÁSTICO

A
Abelardo, Pedro, 37
Acton, lorde (John Emerich Edward Dalberg-Acton), 117
Agostinho, Santo, 32, 36, 43, 168, 176
Albatani, Abu, 36
Alcuíno, 34
Alexandre, o Grande, 31, 41
Al-Farābi, 36
Aquino, Santo Tomás de, 40
Aristóteles, 11, 12, 31, 33, 36, 39, 40-41, 43-44, 49-51, 63, 91
Arkwright, Sir Richard, 80
Arnold, Matthew, 80, 116, 134, 144, 167
Averróis, 43, 63
Avicena, 36

B
Bacon, Francis, 14, 63-64, 66-67
Bacon, Roger, 56, 61
Barnard, Henry, 87
Basílio, São, 32
Bazard, Arnold, 189
Beda, 34, 36
Bento de Núrsia, São, 36
Bernardo de Claraval, São, 37, 50
Bessarion, cardeal Basílio, 49
Bestor, Arthur Eugene, 122
Blake, William, 182, 189
Blanshard, Paul, 111

Boaventura, São, 44
Boccaccio, Giovanni, 12, 52
Bodin, Jean, 125
Boécio, 36
Bonaparte, Napoleão, 14, 69-70
Bonifácio, São, 34
Boyle, Robert, 65
Bracciolini, Poggio, 52
Bruni, Leonardo, 44, 50
Bruno, Giordano, 62, 65
Burckhardt, Jacob, 50
Burdach, Conrad, 51
Burke, Edmund, 125

C
Calhoun, John, 84, 85
Calvino, João, 55
Campanella, Tommaso, 62, 63
Carlos Magno, 35, 41
Carroll, Charles, 99
Carroll, John, 99
Cassiodoro, 34
Castiglione, Baldassare, 56
Castro, Fidel, 180
Catarina II, imperatriz da Rússia, 69
Cavalcanti, Guido, 43
Chalotais, Caradeuc de la, 68
Chamberlain, Joseph, 108
Chaptal, Jean-Antoine Claude, 69
Chaucer, Geoffrey, 42

Chesterfield, lorde (Phillip Dormer Stanhope), 74
Chrétien de Troyes, 41
Cícero, 31, 43
Cidônio, Demétrio, 49
Clay, Henry, 85-86
Cobden, Richard, 80
Coleridge, Samuel Taylor, 189
Colet, John, 52
Colombo, Cristóvão, 98
Comte, Auguste, 98
Condorcet, marquês de (Antoine de Caritat), 69-70, 75, 181
Conon de Béthune, 42
Copérnico, Nicolau, 63
Cowley, Abraham, 63, 64
Crisoloras, Manuel, 49
Cromwell, Oliver, 57, 73
Curtius, Ernest Robert, 131

D

D'Alembert (Jean le Rond), 66-68
Dalton, Francis, 80
Daniel, Arnault, 41
Dante Alighieri, 40
Daunou, Pierre Claude François, 69
de la Salle, São João Batista, 73-74
de Montfort, São Luís Grignon, 74
Descartes, René, 14, 40, 66
d'Étaples, Lefèvre, 52
Dewey, John, 17, 90-91, 109-11
Diderot, Denis, 67-69
Döllinger, Johann Joseph Ignaz von, 53
Donatello (Donato di Niccólo di Betto Bardi), 60
Duhem, Pierre, 61

E

Elliot, Walter, 102
Emerson, Ralph Waldo, 88
Eneias, 41
Epiteto, 33
Erasmus, Desiderius (Erasmo de Roterdã), 52-54
Eschenbach, Wolfram von, 42
Euclides, 36

F

Faraday, Michael, 80
Fausto, 179
Feltre, Vittorino da, 50-51
Fichte, Johann Gottlieb, 75- 79
Ficino, Marsilio, 50-51, 57
Fílon, 32
Fisher, cardeal John, 52
Fletcher, John, 57
Fócio, 33
Fontenelle, Bernard de, 66
Forster, William Edward, 80
Francisco, São, 42, 182
Frankenstein, 179
Franklin, Benjamin, 16, 83
Frederico, o Grande, imperador do Sacro Império Romano, 75
Freud, Sigmund, 183-84, 187-88
Froebel, Friedrich Wilhelm August, 76, 87

G

Galileu Galilei, 63, 64
Gauss, Johann Carl Friedrich, 75
George III, rei da Inglaterra, 173
Gerson, Jean Charlier de, 39
Ghiberti, Lorenzo, 60
Gibbon, Edward, 74
Gibbons, cardeal James, 101-02
Gilson, Étienne, 40
Gladstone, William Ewart, 117
Goethe, Johann Wolfgang von, 47, 75-76, 179
Goya, Francisco, 182
Gregório de Nazianzo, São, 32
Gregório de Nisa, São, 32
Gregório Magno, São, 35, 36
Grosseteste, Robert, 61
Guarino de Verona, 50, 51
Guilherme de Ockham, 44

H

Harrington, James, 125
Harrison, W. H., presidente dos Estados Unidos, 85
Harvey, William, 56
Hebel, Johann Peter, 76

Hecker, Paul, 101, 102
Hegel, George Wilhelm Friedrich, 125
Heliodoro, 57
Heráclito, 61
Herbart, Johann Friedrich, 87
Herbert, George, 58
Herder, Johann Gottfried von, 75-76
Hobbes, Thomas, 125
Hölderlin, Friedrich, 47
Holmes, Oliver Wendell, 88
Homero, 33, 57
Hook, Sidney, 110
Humboldt, Wilhelm von, 15, 77-78
Huskisson, William, 80
Huygens, Christiaan, 64

I
Ireland, arcebispo John, 73, 101-02
Isidoro de Sevilha, Santo, 34
Isócrates, 50

J
Jackson, Andrew, presidente dos Estados Unidos, 84-86
Jacopone da Todi, 42
James, Henry, 88
Jefferson, Thomas, presidente dos Estados Unidos, 16, 83
John de Salisbury, 36, 40, 43, 50
Joinville, Jean de, 42
José II, sacro imperador romano-germânico, 75
Justiniano, 31

K
Kant, Immanuel, 75-76
Kay-Shuttleworth, Sir James Phillips, 80
Keane, Bispo John Joseph, 101
Kepler, Johannes, 63
Klein, abade Felix, 102

L
Lancaster, Joseph, 80
Law, William, 74
Leão XIII, papa, 101
Leão X, papa, 47

Leonardo da Vinci, 13, 60, 62
Lessing, Gotthold Ephraim, 75
Lincoln, Abraham, presidente dos Estados Unidos, 84, 86
Llull, Ramon (Raimundo Lúlio), 42
Locke, John, 65, 125
Lutero, Martinho, 53, 54
Lynd, Robert, 142

M
Macaulay, Thomas Babington, 117
Maistre, Joseph de, conde de, 125, 182
Mann, Horace, 17, 86-87
Maquiavel, Nicolau, 125
Marco Aurélio, 33
Mechthild de Magdeburgo, 42
Melanchthon, Phillip Schwartzerd, 54
Melbourne, lorde (William Lamb), 117
Metternich, príncipe de (Klemens Wenzel), 76
Mill, James, 80, 125
Mill, John Stuart, 80, 125
Milton, John, 47, 52, 56-58
Moehlman, Conrad Henry, 114
Montesquieu, Charles de Secondat, 125

N
Nabucodonosor, 161
Newman, cardeal John Henry, 16, 80
Newton, Isaac, 64-65, 67
Nicolau de Cusa, 61, 63
Nicole d'Oresme, 44
Niebuhr, Barthold George, 78
Nietzsche, Friedrich, 181-83, 189-90
Novalis (Georg Philipp Friedrich Freiherr von Hardenberg), 189

O
Orósio, Paulo, 36
Ovídio, 41

P
Pacioli, Luca, 61
Pestalozzi, Johann Heinrich, 76-77, 87
Petrarca, 42-43, 58, 62
Pico della Mirandola, 57

Planudes, Máximo, 49
Platão, 30-31, 33, 49-51, 57, 63, 197
Plotino, 50-51, 57
Pole, cardeal Reginald, 55
Polk, James Knox, presidente dos Estados Unidos, 86
Pomponazzi, Pietro, 62
Proudhon, Pierre-Joseph, 125
Pselo, Miguel, 33
Ptolomeu, 36

Q
Quintiliano, Marco Fábio, 31

R
Raikes, Robert, 80
Rashdall, Hastings, 37
Reuchlin, Johann, 52
Ricardo, David, 80
Richter, John Paul, 75-76
Riesman, David, 92, 142
Robespierre, Maximilien, 69
Rousseau, Jean-Jacques, 76, 90, 110, 125
Rowntree, Benjamin Seebohm, 162

S
Sadoleto, cardeal Jacopo, 55
Saint-Simon, Henri, conde de, 189
Salutati, Coluccio, 43
Savigny, Friedrich Carl von, 78
Schleiermacher, Friedrich Daniel Ernst, 76, 78
Shakespeare, William, 47, 57
Silvestre, Bernardo, 50
Smith, Adam, 183
Spenser, Edmund, 57
Stálin, Josef, 180, 185
Sterry, Peter, 57-58
Stevenson, George, 80
Sturluson, Snorri, 42
Suso, Henrique, 42
Suvern, Johann Wilhelm, 78

T
Talleyrand-Périgord, Charles-Maurice de, 69-70

Tasso, Torquato, 57
Taylor, Zachary, presidente dos Estados Unidos, 85
Telésio, Bernardino, 62-63
Teobaldo de Champagne, 42
Teodósio II, 33
Thoreau, Henry David, 90-91
Tocqueville, Alexis de, 182
Toffanin, Giuseppe, 51
Toscanelli, Paolo dal Pozzo, 61
Toynbee, Arnold, 128, 134, 144
Traherne, Thomas, 58
Treitschke, Heinrich Gotthard von, 79

V
Valla, Lorenzo, 52
Vaughan, Henry, 58
Vegio, Maffeo, 50-51
Vergerio, Pier Paolo, 50-51
Verrocchio, Andrea del, 60
Villehardouin, Geoffroi de, 42
Virgílio, 57
Vogelweide, Walter von der, 42
Voltaire, 47, 64, 67, 73, 75, 130

W
Walpole, Horace, 74
Ward, Lester, 89-91
Webster, Daniel, 85
Wesley, Charles, 74
Wesley, John, 74
Whitehead, Alfred North, 66
Winckelmann, Johann Joachim, 75
Wolf, Friedrich August, 78

X
Xenofonte, 50

Y
Yves de Paris, 58

Z
Zenão de Cítio, 33
Zschokke, Johann Heinrich, 76

Do mesmo autor, leia também:

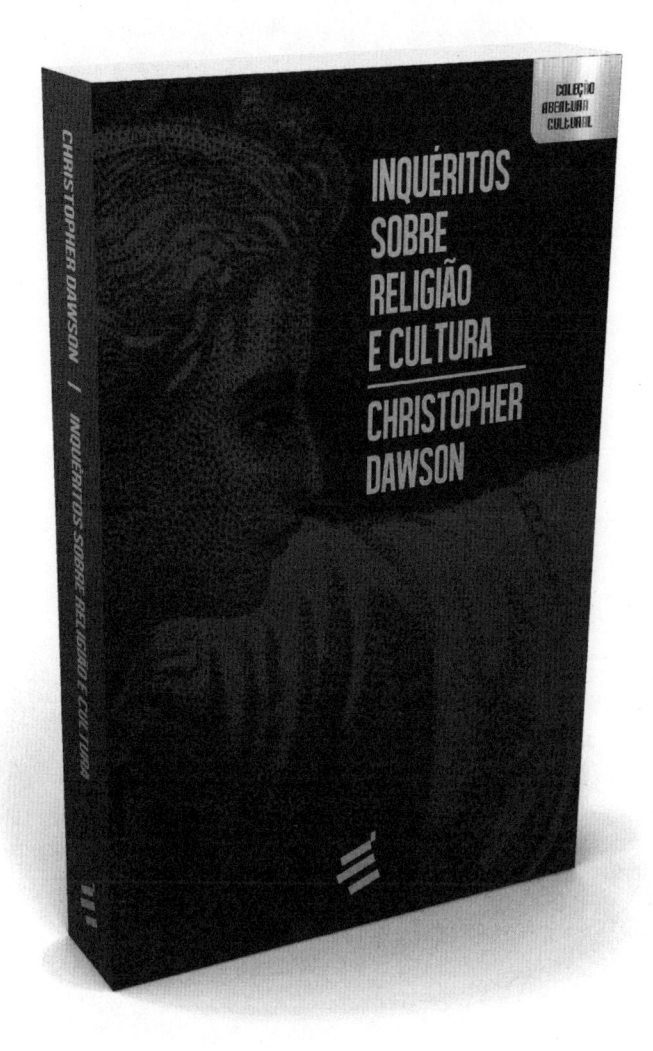

Christopher Dawson emprega a vastidão de seu conhecimento e a agudeza de sua análise no julgamento de assuntos específicos e recentes, que vão desde o lugar do Reino Unido no mundo pós-industrial até as características do misticismo islâmico, passando pelas estruturas da civilização chinesa, pela visão cristã do sexo e pelos fatores que levaram ao surgimento dos totalitarismos fascista e comunista. Sempre com aportes de peso da filosofia da religião e da filosofia da história, o livro constitui enorme auxílio para a compreensão da era contemporânea e de seus problemas. Tornam-se, assim, evidentes a superficialidade das interpretações políticas e cientificistas que não consideram o papel histórico central da religião e da cultura, bem como a urgência do convite de Dawson a uma compreensão profunda e universal da raça humana.

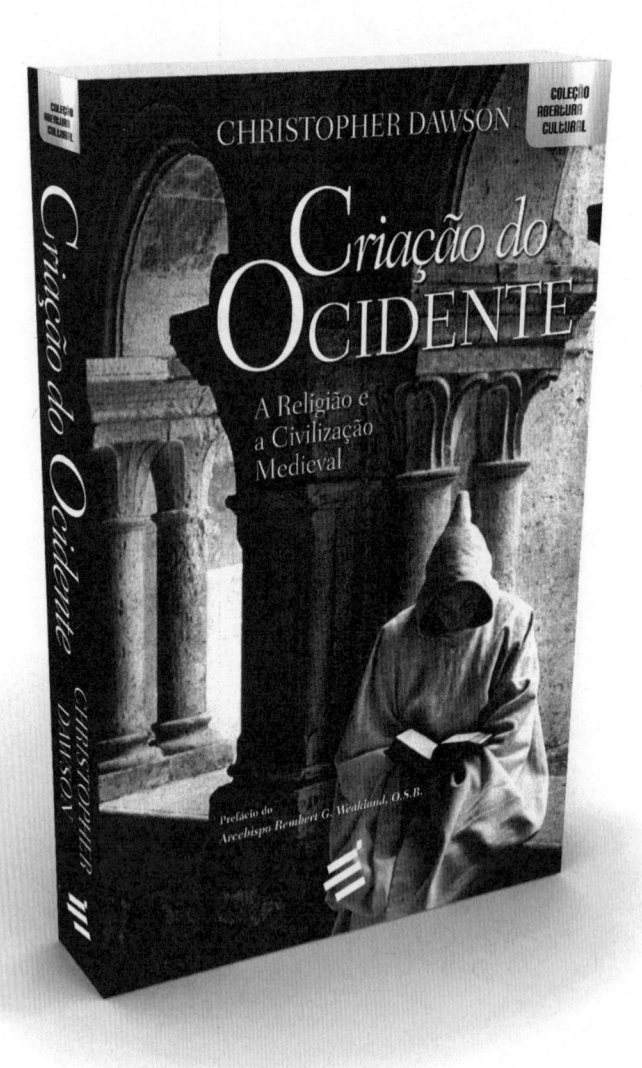

Criação do Ocidente cobre o período que vai da queda do Império Romano do Ocidente até o fim da Idade Média. Mostra que, em vez de fatores seculares e econômicos, foi a religião que permitiu a um pequeno grupo de povos da Europa Ocidental adquirir poder para transformar o mundo e emancipar a humanidade de uma dependência imemorial da natureza, levando-a a inevitáveis estágios crescentes de progresso.

Conheça outros títulos da coleção:

CONSIDERAÇÕES SOBRE A EDUCAÇÃO seguidas de PEDAGOGIA INFANTIL — Alain

Segundo Otto Maria Carpeaux, "Alain foi o Sócrates de Paris entre as duas guerras", e exerceu grande influência sobre uma geração de intelectuais franceses – incluindo Raymond Aron, Simone Weil e André Maurois. Este volume reúne "Considerações sobre a Educação", reflexões gerais e teóricas, e "Pedagogia Infantil", série de lições destinada a suas alunas, futuras "jardineiras de infância".

Bernard Lonergan dedicou grande parte de seu trabalho ao desenvolvimento de um método geral de investigação que pudesse vencer a fragmentação do conhecimento no nosso tempo. Em *Tópicos de Educação* ele adapta esse interesse às necessidades práticas dos educadores. Investiga como a revolução científica mudou as formas de compreensão da realidade e examina as implicações dessa revolução na educação. Primeira publicação das conferências de 1959, *Tópicos de Educação* resulta de suas investigações anteriores sobre o desenvolvimento humano, do estudo das teorias de Jean Piaget e outros e termina com suas ideias originais nos campos da ética, da arte e da história.

facebook.com/erealizacoeseditora   twitter.com/erealizacoes   instagram.com/erealizacoes   youtube.com/editorae

issuu.com/editora_e   erealizacoes.com.br   atendimento@erealizacoes.com.br